ナチスに抗った
障害者

盲人オットー・ヴァイトのユダヤ人救援

岡 典子

明石書店

はしがき

オットー・ヴァイトという人物の名を知ったのは約六年前、研究のためドイツに短期滞在した折のことだった。ナチスの時代、国家に背いてユダヤ人を救った障害者がいたと知り、その生涯と行動に強い関心をもった。以来、ヴァイトの実像に迫るため、各種の資料館・記念館や図書館等に足を運んだ。ベルリン市にある「オットー・ヴァイト盲人作業所記念館」にも何度も通った。そこにあると知らなければ気づかずに素通りしてしまうほど小さな記念館の来館者名簿には、さまざまな国の言語で記された訪問者の名前がびっしりと並んでいた。ここにはユダヤ人救援に関心を寄せる世界中の人びとから手紙が届く、そのなかには他国で暮らすユダヤ系の若者たちからのものもあると記念館で働く年配の女性研究者が教えてくれた。彼女は言った。

「救援者に救われたユダヤ人の多くは、戦後ドイツを離れました。彼らのなかには、ドイツでの壮絶な年月を封印し、一切を語らないまま人生を終えた人も多かったのです。戦後七十年が過ぎ、当時を知る人も少なくなってしまった今、彼らの孫やひ孫たち世代にあたる人びとは、自分の祖父母や曽祖父母に何があったのかを知りたいと強く願っています。彼らにとって、ナチスの時代のユダヤ人救援を知ることは、自分は何者なのか、なぜこの世に生まれてきたのかを知ることそのものです。ユダヤ人を守った名もなき人びとと自分との間につながりを見いだそうとする人びとがいる限り、ユダヤ人救援者の存在は決して過ぎ去った遠い過去ではありません。日々、新たに生まれ変わっていく現在進行形の物語なのです」

これは過去の物語ではない。静かに語ってくれたそのことばは、深く印象に残った。

いわゆる欧州難民危機が起きたのは、それから一年後だった。シリアをはじめとする中東やアフリカからの難民が、ヨーロッパに押し寄せた。その最大の舞台となったのがドイツだった。二〇一五年だけで、ドイツが事実上受け入れた難民の数は百万人を超えた。全国いたるところに難民受け入れの仮収容施設ができていった。プレハブが建てられ、テント、体育館、町の公民館からアパートの空室、ホテルも次々に難民収容施設となった。鉄道駅のプラットホームには、人道的立場から難民救援を国民に求める大きなポスターが貼られた。

街なかでは、難民を積極的に受け入れようと呼びかける人びとが手作りのチラシを配り、署名活動を行った。一方で、見えない不安も蔓延していった。祖国ドイツはどう変わってしまうのか。自分たちの生活はどうなってしまうのか。ポピュリズム政党が躍進し、デモが頻発した。難民収容施設への放火は日常茶飯事となった。「われわれがドイツ国民だ、イスラムはドイツではない」。広場で声をあげる民衆を、難民受け入れ派の人びとは「ナチス」と野次った。

「これは過去の物語ではない」

ふと、オットー・ヴァイト盲人作業所記念館で女性研究者が語ったあのことばが思い出された。

安全で平和だと信じていた日常が揺らいだとき、その均衡が崩れたとき。人は何を考え、いかに行動するのか。体験したことのないほどの困難が目の前に迫ったとき、人は何に怯え、何を信じようとするのか。

社会がある限り、人がそこにいる限り、困難は繰り返しやってくる。それでも人には、乗り越えてゆく強さと英知がある。

「自分はどう生きるのか」。苦難の時代を生きた人びとの行動のなかに、その答えを求める人がいる限り、ヴァイトたち救援者の存在は遠い過去ではない。現代を生きるわれわれとともに、日々新たに紡がれていく進行形の物語なのだ。

本書は、このような思いから生まれたものである。

目次

はじめに

「市民的勇気」ということばがドイツにはある。何の後ろ盾ももたない民衆が自己の責任で一切を決断し、行動するという意味である。

ナチスの時代のドイツには、ヒトラーに抗った多くの人びとがいた。極限状況のなかで彼らが示した「市民的勇気」が、今改めて注目されている。その背景には、難民・移民問題、テロ、経済格差の拡大、ポピュリズム政党の躍進等、さまざまな困難課題に直面するドイツ社会の現実がある。他者の痛みを慮ること、他者の苦痛や困難に遭遇したとき「見て見ぬふり」をしないこと、時代の風潮やプロパガンダに翻弄されず自分らしくあり続けること、物事を自律的に思考し決断することなど、人が生きるうえでもっとも基本的な価値を学び、次代に伝えていく格好の題材として反ナチ市民の存在は今なお重要な意味をもつ。

ヒトラー支配下のドイツで、反ナチ活動はあらゆる階層に及んだ。聖職者もいれば医師や教師もいた。警察官もいれば兵士、小売店の経営者、工場で働く労働者もいれば農民もいた。主婦もいた。年齢もさまざまだった。高齢者もいれば、まだ学校に通う十代前半の子どももいた。彼らの行動は多くの場合、ユダヤ人救援の形をとった。それはナチスが強行した人種政策に対する抗議の意思表示であり、民衆がなしうる精いっぱいの抵抗だった。密告が奨励される社会のなかで、ひとたび行動が露見すれば厳しい断罪が待っていたからである。ホロコーストの犠牲になったユダヤ人の数は、ヨーロッパ全土で六百万人、そのうち十六万人がドイツ系ユダヤ人だった。だが、ユダヤ人たちのなかには地下に潜伏して生き延びようと試みた者もいた。正確な数は今も不明だが、ドイツだけで一万人から一万二千人の潜伏者がいたと考えられている。

ナチスは彼らを隠語で「Uボート」と呼び、摘発に躍起になった。その潜伏者たちを守るために奔走した人びとこそ幾多の反ナチ市民だった。

本書が取り上げるオットー・マックス・アウグスト・ヴァイト（一八八三―一九四七）は、そうした反ナチ市民のなかでもひときわ異彩を放つ存在である。彼は盲人であった。それだけではない。彼が救おうとしたユダヤ人のなかにも、多数の障害者がいたのである。箒やブラシを製造する小規模な作業所の経営者だったヴァイトは、初期には過酷な強制労働から、のちには収容所への連行からユダヤ人を守るためにあらゆる手を尽くした。

ナチス・ドイツがユダヤ人だけでなく、障害者にとっても苛烈な時代であったことは広く知られている。優生学の名のもとで、多数の障害者が「生きるに値しない命」とみなされ安楽死政策や人体実験の犠牲となった。障害者の殺害に使用されたガスが、のちにユダヤ人の大量殺戮に使われたことも周知の事実である。ユダヤ人と障害者は、人種政策を断行するナチス政権にとっていずれも「偉大なるアーリア人種」を劣化させる主因であった。障害者の場合、ユダヤ人とは異なりすべての障害者が殺害の対象となったわけではないが、たとえ生命を奪われなくとも、遺伝性の障害が疑われれば断種手術によって生殖機能を断たれた。

こうした時代にあってヴァイトが示した「市民的勇気」は、ナチスの時代にも自らの意志によって精力的に生きた障害者がいた証である。それは同時に、民衆による反ナチ活動がいかに広範囲に及んだかを物語るものでもある。一方で、救援対象となった障害者に目を向ければ、ユダヤ人にして障害者でもあるという、まさに二重の意味で弾圧の対象であった人びとにさえ、救援の努力が存在したことを示している。

そこで本書の第一のテーマは、オットー・ヴァイトの生涯に光を当てることである。ヴァイトとはいかなる人物だったのか。どのような人生を送ったのか。なぜ、そしていかにしてユダヤ人に手を差し伸べたのかについて、彼の足跡をたどってみることにしよう。

とはいえ、実はヴァイトに限らず、ユダヤ人救援に関与した無名市民の記録や情報は、質的にも量的にもごく限られている。これにはいくつかの理由がある。第一に、そもそもユダヤ人救援は国家に背く不法行為であり、自分や仲間を危険にさらす可能性のある記録や痕跡は一切残せなかったこと。第二に、ごく一握りの知識階層を除けば、多くの民衆には自分の思考や活動を文章に記録する習慣や機会そのものがなかったこと。さらに第三の理由としては、戦後東西に分断されたドイツで、反ナチ活動の事実を証拠づける資料は徹底的に没収されたこと。この三点が挙げられる。不法国家ドイツを正道に導くという大前提を崩したくない東西の統治国にとって、ナチス・ドイツにも良識ある市民たちがいた事実は都合が悪かったからである。

戦後も長い間、ドイツ社会でユダヤ人救援者たちが顧みられることはほとんどなかった。そうしたなかで、救援活動に従事した人びとの多くが、かつての行動について沈黙を守ったまま生涯を終えた。生き延びたユダヤ人たちもまた、多くを語りたがらなかった。戦後、ドイツを離れて各国に散った彼らは日々を生きることに精いっぱいであった。多くのユダヤ人同胞が死んでいったなかで、自分だけが生き残った後ろめたさから口を閉ざす者も少なくなかった。いずれにせよ、壮絶な過去を語れるようになるには、長い時間が必要であった。その間に戦争に対する社会の記憶は風化し、助けた者も救われた者も老いていった。

ドイツがユダヤ人救援者の存在にふたたび目をむけるようになったのは、一九九〇年代以降になってからである。今日、彼らは「沈黙の勇者」と呼ばれる。それは生き延びたユダヤ人たちがのちに名づけた感謝と敬意の表現である。

オットー・ヴァイトに話を戻そう。ヴァイトは、「沈黙の勇者」たちのなかでは、比較的知名度の高い人物である。二〇〇六年には、ベルリン市中心部のハッケシャー・マルクトに「オットー・ヴァイト盲人作業所記念館」が開設された。記念館といっても建物の一角に設けられたささやかな空間だが、ヴァイトの救援活動に関する記録を一堂に集めたこの場所には、年間数千人の来場者があるという。教科書を含む学校教材にも取り上げられ、さらに二〇一四年にはテレビ映画「ある盲目の勇者――オットー・ヴァイトの愛」も放映されている。

ヴァイトが広く知られてきたのは、なんといっても彼に救われたユダヤ人のひとりインゲ・ドイチュクロン(一九二二-)の貢献によるところが大きい。戦後、著名なジャーナリストとして活躍した彼女は、一九七八年に自叙伝『黄色い星を背負って』を刊行して以来、今日までさまざまな方法で彼の功績を紹介してきた。さらに、「障害のある偉人」というヴァイト像が、とくに学校教材等にとって取り上げやすい題材であったことも、彼の名を知らしめることに貢献した。本書もまた、多くの情報をドイチュクロンに拠っている。

だが、意図するところはオットー・ヴァイトというひとりの障害者の「英雄譚」を語ることではない。ユダヤ人救援活動には、ほとんどの場合協力者の存在が不可欠だった。彼にも多数の協力者がいたことは、これまでの検証作業と研究を通じて明らかになっている。

そこで第二のテーマとして、ヴァイトの協力者はどのような人びとだったのか、彼らの間にどんな人間関係が存在したのかを見ていくことにしよう。救援活動への協力とは、文字通り相手に命を預ける行為であった。仲間のうちたとえひとりでも警察や近隣住民から疑われれば、逮捕の危険は仲間全員に及んだからである。本書が着目するのは、障害者であるヴァイトを信頼し、彼に命を預けた仲間たちがいた事実である。言い換えれば、それはヴァイトが救おうとしたユダヤ人たち――そのなかには障害のあるユダヤ人もいた――のために、自らの命を危険にさらしてでも行動した人びとがいた事実でもある。さらに見ていくと、ユダヤ人たちもまた、単に「守られる」だけの存在ではなかったことがわかってくる。彼らもまた、自身が命の危機に直面しながら、仲間のために、あるいは自身よりももっと弱い立場にあるユダヤ人障害者のために力を尽くそうとした。

このように見てくれば、ヴァイトと協力者たち、そして彼らが救おうとしたユダヤ人たちを言い表すためには、「仲間」というたったひとつのことばがあれば十分だということがわかる。彼らは「仲間」だった。「ユダヤ人」でも「ドイツ人」でもなく、あるいは「障害者」でもなく、さらには保護する者、保護される者という関係さえ超えて、彼らはただ、人間同士として互いに連帯し、自身と他者の命を救う行動に身を投じたのである。

本書は、時系列に沿ってオットー・ヴァイトの救援活動をたどりながら、それぞれの時期にユダヤ人の身に何が起きたのか、彼らを守るためにヴァイトたちがいかなる行動をとったのかを追っていく。その際、ヴァイトのもとに集ったユダヤ人たちがどのような人びとだったのか、ヒトラー政権成立前の彼らにどのような生活があったのかを併せて描くことでユダヤ人、とくに障害のあるユダヤ人たちの実像を明らかにすることにも努めた。さらに、ナチスの時代を生きたひとりの盲人としてのヴァイトという観点から、ドイツ人障害者たちが困難な時代をいかに生きたかにも言及している。

オットー・ヴァイトと彼をめぐる仲間たち。彼らを介して、極限状況のなかで互いに手を携え、苦境にある者たちにその手を差し伸べ続けた「沈黙の勇者」たちの実像に迫ってみよう。それは、いかなる苦難にあっても自らの信念を貫いた人びとの生を語ることでもある。

第一章　ユダヤ人迫害の始まり

1. ナチス人種政策とユダヤ人の迫害

迫害の始まり

一九三三年一月三十日、ナチ党（国家社会主義ドイツ労働者党）の党首アドルフ・ヒトラーは四十三歳でドイツ国首相の座に就いた。以後、十二年あまりに及ぶ独裁政権の誕生である。反ユダヤ主義、反共主義、民族共同体構想を掲げるヒトラー政権の成立は、政権が敵対視する人びと――その最たる存在がユダヤ人であった――にとって、長い苦難の始まりを意味した。

ヒトラー政権の誕生をユダヤ人、とくにドイツに住むユダヤ人たちはどう受け止めたのか。テレジエンシュタット（現在のチェコ領。チェコ名テレジン）のゲットーを生き延びた高名なユダヤ教の聖職者《ラビ》レオ・ベック（一八七三－一九五六）は、当時ドイツに住むユダヤ人の多くは、自分たちの身の安全を信じて疑わなかったと指摘する。先祖の代からドイツで暮らしてきた彼らにとって、ドイツは祖国であり、自分たちは「ドイツ人」の一部だと考えていたからである。ベック自身は、ヒトラーの政権掌握に衝撃を受け、「ドイツのユダヤ人に終末の時が来た」と受け止めていたが、そのベックでさえ、当初は話し合いによってこの問題解決の途を探ろうと考えていた。彼は一九三三年秋にドイツ・ユダヤ人連合の会長に選出されると、ヒトラーに対して「ドイツのユダヤ人たちを人間として扱い、仕事と自由を奪いさえしなければ、ユダヤ人は国家のあらゆる命令に喜んで従うだろう」と伝えようとした。そうすることで、ドイツでの同胞の生活を守ろうとしたのである。

1-1　レオ・ベック。ドイツに住むユダヤ人の指導者として、同胞を守るために尽力し続けた

だが、ナチスに話し合いの余地などあるはずはなかった。ナチスにとって、ユダヤ人を「よそ者扱い」することは党是そのものだったからである。前身であったドイツ労働者党からの改編によりナチ党が誕生したのは、政権成立からさかのぼること十三年、一九二〇年二月である。このときすでにナチ党は、ドイツ人とはドイツ的血統を有する人間であると規定し、この原則をもとに二十五箇条から成る党の綱領を作成している。綱領には、ユダヤ人はドイツ国民の一員でなく、外国人法の適用を受けるべき存在にすぎないこと、国家は真っ先に国民の生活と生命を守るべきであり、もし国家が全ドイツ国民を扶養することが困難になった場合は、ユダヤ人を含む外国人は国外へ退去させることがはっきりと記されている。ナチスにとって、ユダヤ人排斥がいかに揺らぐことのない核心であったかということである。

ドイツ社会に同化したユダヤ人

ジャーナリストのインゲ・ドイチュクロン（一九二二－）は、オットー・ヴァイトに命を救われた人物のひとりである。のちに、ヴァイトのユダヤ人救援活動を後世に伝える語り部としても活躍した彼女は、ナチスが政権を掌握して間もなく、母親からこう告げられた。

1-2　インゲ・ドイチュクロンと母エラ　1939年

「あなたはユダヤ人なのよ」

このことばを聞いたときの衝撃を、彼女はのちに「何を言われているのか理解できないほど」驚いたと振り返っている。当時十歳だった彼女は、それまで自分がユダヤ人であることさえまったく知らなかった。彼らの日常は、それほどドイツ人に同化していたのである。

故国をもたないユダヤ人たちは、確かに長い間、各国でユダヤ人コミュニティを作り、自分たちの言語であるイディッシュ語を操り、ユダヤ教の戒律を厳守して生きてきた。だが、二十世紀のドイツでは、そうした状況はすでに過去のものになっていた。若者たちはユダヤ教の神学校を去ってドイツの大学に入り、ヨーロッパの学問を学んだ。非ユダヤ人と結婚する者や、キリスト教に改宗する人びとも増えていった。一九一四年に第一次世界大戦が勃発すると、ユダヤ人は率先して前線に赴き、ドイツ兵として戦った。なかには『アンネの日記』で知られるアンネ・フランクの父オットー・フランクのように将校にまで出世した者や、勲章を授けられた者さえいた。一九一九年には国民主権をうたうワイマール憲法のもとで、改めてドイツ国民としての平等な地位も確認されている。してみれば、彼らが自らをドイツ人として認識し、ドイツ人としての扱いを受けると考えたのは、むしろ当然だったろう。

ヒトラー政権が成立した当初、ユダヤ人の多くが自分たちの立場を楽観視したのも、そうした歴史的経緯があったからである。加えて彼らは、ドイツ国民のヒトラー支持は一過性のものだと考えていた。だからこそ、これまで築き上げてきた生活のすべてを捨て、母国であるドイツを離れることなど、考えも及ばなかったのである。

ユダヤ人たちの戸惑い

だが、彼らの認識は幻想にすぎなかった。

一九三三年四月一日の朝、全国各地で一斉にユダヤ人経営の会社や商店、医師、弁護士等を標的とする排斥運動が起こった。ヒトラーが政権を掌握してからわずか二か月後である。決して偶発的な事件などではなく、れっきとしたナチスの政策であった。突撃隊員がユダヤ人経営の店の入り口に立ちはだかった。町のいたるところに「ドイツ人はドイツ人の店でのみ買い物をせよ」「ユダヤ人はわれわれの禍である」などと書かれた張り紙が貼られた。

国民もまた、率先してユダヤ人排斥の行動をとった。前述の大規模なボイコットからわずか一か月後の五月十日には、全国で何千人もの大学教授や学生たちが大学、図書館、書店からユダヤ人の著者やナチスの方針に沿わない内容の書物を盗み出し、キャンプファイヤーの薪のように積み上げて火をつけた。アインシュタインやフロイト、シュテファン・ツヴァイクといった著名なユダヤ人による膨大な書物が、高揚する学生たちの目の前で一瞬のうちに灰になった。

それでもまだ、ユダヤ人の多くは事態をそれほど悲観的に捉えてはいなかった。というより、大丈夫だ、こんなことが長く続くはずがないと自分に言い聞かせることで、精神的なバランスを保とうとした部分もあっただろう。それに、彼らはまだ、社会のなかで完全に孤立してはいなかった。ドイツ人のなかには、ユダヤ人に同情したり、安否を気づかう者もいた。だからこそ、一九三四年になってもユダヤ人たちはドイツを自分たちの祖国と考えていた。各地でユダヤ人の集会が開催されるたびに、「私たちの祖国、私たちの郷里はドイツしかない」との訴えが繰り返された。

では、実際のところナチス政権の成立によってユダヤ人の日常はどう変化したのか。そして、彼らは自分たちの身に起こり始めたその変化をどう受け止めたのか。彼らの回想から探ってみたい。

次に紹介するのは、いずれも政権成立当時、ベルリン市の中心部で暮らしていたユダヤ人の男女である。

【ルイーゼ・グロスマンの場合】

ヒトラーが政権を掌握する一九三三年まで、私は写真家でした。ヒトラー政権が成立すると間もなく、私はこの仕事を続けることを禁じられてしまいました。私の父がユダヤ人だったからです。母はプロテスタントでした。ニュルンベルク人種法（後述）が制定されてからは、私はドイツ人と結婚することができなくなりました……私は仕立て屋を開業したいと思いましたが、それも許されず、労働局から割り当てられた工場で働かなくてはなりませんでした。それで私は母と一緒に、母の名前を使って外国人客のための民宿を開くことにしました。

（ホルスト・ヘラス『ベルリン＝ミッテ地区のユダヤ人——人・場所・遭遇』筆者訳）

【ジークフリート・ジモンの場合】

一九三三年、私は国立オペラ座の従業員をしていました。私はすでに結婚していました。異宗婚（ミシュエーエ、後述）です。子どもたちは、私のほうの宗教（ユダヤ教）で教育していました。異宗婚カップルのユダヤ人にありがちな嫌がらせを、私も受けていました。そのことで、妻も子どもたちも悩んでいました。

（同書）

【ヴァルター・ティコツキの場合】

うちは父の代からシーツや肌着等を扱う店を営んでいました。一九三三年以降になってもまだ、商売はうまくいっていました。ナチ党の制服を着た人たちも、うちの店に買い物にきました。だって、うちはお客様に礼儀正しく対応するし、質のいい商品を安価で売っていましたから、一度買えば次もまたうちで買わないはずがありません。

（同書）

彼らのことばから浮かんでくるのは、迫害に戸惑いながらも、なんとか平穏な日常を維持しようと努力するユダヤ人たちの姿である。もっとも「迫害」とはいっても、ユダヤ人絶滅にまで暴走していくその後の政策に比べれば、この時期のそれはまだ「嫌がらせ」といったほうがよいレベルだったかもしれない。

さしあたり、なんとか平穏な日常が保たれていたのは、子どもたちも同じだった。裕福な家具屋の娘ハンニ・ラウファーは、十歳になったばかりだった。両親の愛情のもとですくすくと成長していたハンニにとって、目下最大の関心事は、夏休みに計画している初めてのひとり旅だった。花模様をあしらったピンク色の壁紙と白いチュールのカーテンに彩られた子ども部屋で、ハンニは勉強机に向かい、夜は柔らかい寝具にくるまれて眠った。

音楽家の家庭に生まれた十歳の少年ハインツ・アレクサンダーは、近所でも評判の「神童」だった。ハインツは幼い頃からピアノやオルガンを巧みに弾き、ベルリンでも有数のエリート校であるグラウエン・クロスター・ギムナジウムに通っていた。だがヒトラーが政権を握ると、ユダヤ人であるハインツにとって、学校は居心地の悪い場所になっていった。

十四歳のイザーク・アイゼンベルクは、ベルリン市内にあるユダヤの子どものための孤児院「アハワー」にいた。イザークは十歳のときに母親を亡くし、三歳下の妹とともに父親の手でアハワーに預けられたのである。スポーツが得意なイザークはアハワーの中庭で仲間たちとサッカーに興じ、将来はユダヤ人のスポーツ団体「バー・コホバ」の一員になることを夢見ていた。

だが、政権によるユダヤ人の迫害は、すさまじい速さで突き進んでいく。

前述の排斥運動からわずか六日後の四月七日には、ユダヤ人の排斥を目的とする最初の法律「職業官吏再建法」が制定される。この法律によって、第一次世界大戦の従軍者を除くすべてのユダヤ人が官公吏の職から追放された。追放された人びとのなかには、公証人や公立学校の教師も含まれていた。さらにその半月後には、「ドイツ学校・大学過剰解消法」が制定され、以後、大学をはじめとする各種の学校に入学できるユダヤ人学生・生徒の数が制限される。

ナチスはどのようにしてユダヤ人から平穏な日常を奪っていったのか。現代を生きる私たちに、このことをわかりやすく伝えようと努めている場所がベルリン市にある。ベルリン市南部のテンペルホーフ＝シェーネベルク区にあるバイエルン地区と呼ばれる一角である。ここはかつて「ユダヤ人のスイス」と呼ばれ、世界的に有名な物理学者アルベルト・アインシュタインをはじめ、多数のユダヤ人が暮らしていた。

今日、この場所を訪れてみると、表面にドイツ語の文章、裏面にはその文章に関連するイラストが描かれた小さな標識をいたるところで見ることができる。標識に書かれているのは、いずれもユダヤ人に関するナチスの法律や条例等である。ナチスがいつ、どのようにユダヤ人の権利を剥奪していったのか。この標識はそれを現代の人びとに伝えるための「記念碑」なのだ。

読者は、「記憶文化」ということばを聞いたことがあるだろうか。ナチスの過去を風化させず、その時代に起きた事実を国民意識のなかに定着させようとする努力は、官民を問わず、さらには政治、社会、学問等の分野の違いも超越して、今日のドイツでまさに国家全体の中核をなす方針となっている。かつての強制収容所、ナチスが会議を開催した場所、ナチスに抵抗して命を落とした人びとを記念する碑等、ドイツ各地にはナチスの時代に何があったかを伝える看板や記念碑がいたるところに設置されている。バイエルン地区に設置された多数の標識もまた、現代の人びとが過去の悲劇を考え、問い続けるためのこうした取り組みの一環であり、地区のなかを歩いて一周すれば、ユダヤ人たちがどのような経過をたどってホロコーストの悲劇へと追い詰められていったのかがわかるように設計されている。

実際に標識に記されている文章のごく一部を紹介しよう。

ユダヤ人の助産婦は認めない。一九三八年十二月二十一日

一般的な職業に就くことを禁ずる。一九三九年一月十七日

六歳以上のすべてのユダヤ人は、「ユダヤ」とレッテルを付した黄色い星を身につけなければならない。一九四一年九月一日

ユダヤ人が居住地を離れる際には、警察の許可書を必要とする。一九四一年九月十八日

ベルリンに住むユダヤ人に対し最初の大量移送が行われる。一九四一年十月十八日

ユダヤ人の子どもは、自宅から学校まで五キロ以上離れている場合に限って、通学の際に公共の交通機関を利用することを認める。一九四二年三月二十四日

ユダヤ人の住居には目印として「ユダヤの星」を付けなければならない。一九四二年三月二十六日

ユダヤ人の煙草の入手を禁ずる。一九四二年六月十一日

ユダヤ人が学校に通うことを禁ずる。一九四二年六月二十日

アウシュヴィッツ絶滅収容所への直接移送が初めて実施される。一九四二年七月十一日

ナチスによるユダヤ人迫害は、身分や資格の剝奪、各種学校への入学制限、財産の没収といった社会的立場の喪失に直結する内容から、運転免許の剝奪や夜間の外出制限のように行動の制約を強いるもの、さらには電気製品や自転車、カメラ等の没収、肉や煙草の購入の禁止、石鹸の配給の廃止といった日常生活を圧迫するものまで、あらゆる範囲に及んだ。当時の状況について、前述のインゲ・ドイチュクロンは「ナチスは、私たちを苦しめるために、ほとんど毎日、何か新しい規則を考え出した」と振り返っているが、このことばは決して大げさではない。

1-3、1-4　バイエルン地区に設置された標識
1-3（上）にはユダヤ人子弟の就学を禁止する内容が、1-4（下）には黄色い星（ダビデの星）の着用を義務づける内容が記されている

ユダヤ人の迫害と聞いて、多くの読者がまず思い浮かべるのは収容所への移送だろう。実際にドイツで強制連行が行われるようになるのは、一九四一年十月以降である。だが、政権の成立から強制連行にいたるまでのおよそ九年間にわたり、ナチスは文字通り微に入り細を穿つやり方で制約や禁止事項を繰り出し、ユダヤ人を着実に弱体化させていったのである。

ユダヤ人とは誰のことか

だが、そもそも「ユダヤ人」とは誰をさすことばなのか。実は、初期のナチス政権にとって、「ユダヤ人」をどのように規定するかは頭の痛い問題だった。

ユダヤ教徒を「異物」とみなし、忌み嫌う感情に端を発した反ユダヤ主義は、もともとヨーロッパに古くから存在してきた価値意識だが、一九三〇年代のドイツでは、もはやことはそう単純ではなくなっていた。一八七一年に欽定憲法のもとで市民権を平等に与えられて以来、ユダヤ人はドイツ人としての意識を深めていた。前述したように、キリスト教への改宗やキリスト教徒との結婚も日常だった。ナチス政権成立当時、ドイツ国内にはおよそ五十万人のユダヤ教徒がいたが、キリスト教に改宗したユダヤ人も大勢いた。キリスト教徒とユダヤ教徒の結婚によるカップルは三万組を超え、非ユダヤ人との結婚で生まれた者も七十五万人ほどいた。ドイツ実業界や学問・芸術、さらには政治の分野で枢要な地位にある者も少なくなかった。

このことに関連して、一九四一(昭和十六)年に日本の「人口問題研究所」が刊行した「ナチス民族人口政策摘要」という報告書のなかに興味深い記述がある。この報告書によれば、一九三三年の時点で、ユダヤ教徒はドイツ人口のわずか〇・七六パーセントにすぎなかった。にもかかわらず、金融界をはじめ政界、学界、あるいは新聞事業その他の文化領域におけるユダヤ人の勢力には驚くべきものがあり、ベルリンの証券・物産・金属の取引所の理事六十四人のうち、実に四十七人がユダヤ人だったという。加えて、ベルリン大学の医学分野、哲学分野の教授の二十五パーセント、プロイセンの弁護士の三十パーセント、全国の医師の十三パーセントを占めていたのもユダヤ人であった。

さらに重要な点は、「古来より人種混交は出産力の減退、民族逆淘汰と併せて国家民族滅亡の重要な原因」であり、ユダヤ人排斥は「民族文化の死活問題」だとして、この研究所がナチスの政策を高く評価していることである。もちろんその評価はあくまでもニュルンベルク人種法（後述）に対するものであり、その後に行われた収容所への連行や大量殺戮まで賞賛しているわけではない。加えて、この報告書が刊行される前年に、日本はドイツ、イタリア両国と軍事同盟を締結しているから、政治的立場上、ナチスの政策を評価する必要があったこともあるだろう。

しかしそれだけではない。当時の国際社会にあって、特定の人種を排除すること自体は、決してナチス・ドイツだけの例外的な発想ではなかった。たとえばアメリカでは、一九二四年に移民制限法を制定し、以前から排斥感情の強かった日本移民の禁止に加え、南欧・東欧からの移民の数を大幅に制限した。その背景にあったのは、アジア人や東欧・南欧系移民に対するアングロ・サクソン系の人びとの強い差別意識と反感であった。法律の制定に加担したハリー・ハミルトン・ラフリンらの優生学者は、北方人種の優位性を繰り返し主張し、劣った遺伝形質をもつ南欧・東欧移民がアメリカにいかに脅威をもたらすかを「学術的に」主張した。

さて、ナチス・ドイツの「ユダヤ人規定」に話を戻そう。一九三三年四月十一日、内務大臣ヴィルヘルム・フリックはいわゆる「アーリア条項」を規定し、ユダヤ人問題を単純な人種問題に矮小化した。この条項は、ユダヤ人か否かは宗教によって決まるのではなく、「血統、人種、血が決定的要素」であると規定した点に重要な特徴があった。アーリア条項では、四人いる祖父母のうちひとりでもユダヤ教徒であれば、当人がユダヤ教徒であろうとなかろうとすべてユダヤ人とみなすことが定められた。これによって、ドイツ国内に住む「ユダヤ人」の数は、混血まで含めると百五十万人近くにまで膨れ上がった。

とはいえ、現実問題としてこれほど多くの人間をドイツ社会から排除することは、さすがにナチスにとっても得策ではなかった。ドイツ社会に溶け込んでいる混血ユダヤ人を排除すれば、彼らの家族、親類・縁戚である膨大な数のドイツ人を混乱に陥れ、政権への反発を招くことは目に見えていた。加えて、徴兵との関係も大きな障壁だった。ヴェルサイユ条約の軍備制限条項を破棄し、一九三五年三月に再軍備を宣言していたドイツにとって、正直なところ徴兵可能なユダヤ人は重要な存在であった。アーリア条項に従えば、兵役対象者のうち三十万人を超える者がユダヤ人か混血ユダヤ人ということになる。国防省にしてみれば、これほど多くの人数を兵役の対象から排除することは大きな痛手だった。その一方で、親衛隊は「軍にユダヤ人の居場所はない！」と強硬に主張した。両者の主張を矛盾なく両立させるためにも、膨大すぎる「ユダヤ人」の算出方法は避けなければならなかった。

ニュルンベルク人種法

かくして、「ユダヤ人とは誰か」という元来複雑であるはずの問題を、ナチスの都合に合わせてなんとも恣意的に決着させたのが「ニュルンベルク人種法」であった。一九三五年九月十五日に制定されたこの法律によって、以後、ホロコーストにまで連なる迫害の対象が定められたのである。

ニュルンベルク人種法では、アーリア条項に比べれば「ユダヤ人」の範囲は多少狭められていた。ただ、ユダヤ人問題の本質を「人種」だけに矮小化している点は、アーリア条項と変わりはなかったし、その「人種」や「血」の根拠を祖父母がユダヤ人であるか否かに求めることも、アーリア条項と同じだった。それでいて、肝心の祖父母がユダヤ人かどうかを判断する基準となると、彼らがユダヤ教信徒共同体に所属していたかどうかという曖昧なものだった。

ニュルンベルク人種法では、祖父母四人が全員ユダヤ人である者に加えて、祖父母のうち三人がユダヤ人である場合も「完全ユダヤ人」とみなされた。複雑だったのは、祖父母四人のうち二人がユダヤ人である場合で、彼らは「二分の一ユダヤ人（第一級混血）」に位置づけられた。二分の一ユダヤ人は、ニュルンベルク人種法が制定された時点で当人がユダヤ教信徒共同体に所属している場合や、ユダヤ人と結婚している等のいくつかの条件に当てはまればユダヤ人、そうでなければドイツ人として扱われた。祖父母のうちひとりだけがユダヤ人である「四分の一ユダヤ人（第二級混血）」は、ドイツ人とみなされた。もっとも、現実には四分の一ユダヤ人もユダヤ人としての扱いを受けた。キリスト教への改宗者はもとよりカトリックやプロテスタントの聖職者でさえ、ユダヤ人とみなされた。一九三七年の内務省統計によれば、「完全ユダヤ人」は七十七万五千人、そのうち三十万人が非ユダヤ教徒であった。「二分の一ユダヤ人」と「四分の一ユダヤ人」は、両方を合わせて七十五万人ほどいた。

こうして、一見明確だが実はきわめて曖昧な基準によって、ユダヤ人とは誰であるかが規定された。公民資格を剥奪されたユダヤ人たちはもはやドイツ国民ではなく、単なるドイツ国籍保持者にすぎない存在となった。加えて「ドイツ人の血と名誉を守る」ために、ドイツ人との結婚や性的関係も禁止されたのである。

異人種婚（ミシュエーエ）問題

もっとも、ニュルンベルク人種法以前からすでにユダヤ人とドイツ人との間の結婚は困難になっていた。

ベルリンで写真家をしていた前述の女性ルイーゼ・グロスマンは、一九三四年の初め、ゲルハルト・ゲーベルというドイツ人男性と知り合った。やがて親しくなり、結婚の約束を交わしたふたりは、一九三五年七月、婚姻届を提出するためベルリン市モアビット地区の役場に出向いた。しかし、ふたりの婚姻届は受理されなかった。役場の担当者は、その理由をルイーゼがユダヤ人だからだと説明した。

その一方で、正式に結婚できたカップルもいた。要するに、婚姻届を受理するかどうかは役場の一存で決められていた。同じくベルリンに住んでいたリナ・ヴォルファールトは、一九三五年が明けるとすぐ、ゲオルゲンキルヒ通りの役場に婚姻届を提出し、ドイツ人男性と正式に夫婦になっている。だが、たとえ無事に入籍できたとしても、「ミシュエーエ」と呼ばれる彼らの結婚には困難が待ち受けていた。ミシュエーエとは、もともとは「異宗婚」すなわち宗教の異なる者同士の結婚を意味することばであった。古くはプロテスタント信者とカトリック信者との間の「異宗婚」をミシュエーエと呼んだが、ユダヤ人がドイツ人社会との交わりを深めていくにつれて、キリスト教徒とユダヤ教徒との間の結婚もミシュエーエと呼ばれるようになっていった。その後、ナチスによって「ユダヤ人」の定義が宗教から人種の問題にすり替えられると、ユダヤ教徒とキリスト教徒の結婚は「異宗婚」から「異人種婚」をさすことばへと変容したのである。

ニュルンベルク人種法以降、ユダヤ人とドイツ人が新たに結婚することは禁じられたが、すでに結婚している者については、いちおう婚姻関係の継続が認められていた。

ドイツ人を配偶者にもつユダヤ人は、子どもの有無や夫婦のどちらがユダヤ人か等いくつの条件つきではあったが、当初は収容所移送の対象から除外するなど「優遇措置」がとられた。いわゆる「特権ユダヤ人」である。もっとも、実際には必ずしも条件どおりに「優遇」の対象を選定して

1-5　ジークベルト・レヴィン
1941年

いたわけではなく、要するに現場の匙加減次第だった。ヴァイトの作業所に雇われていた従業員や救援仲間のなかにも、ドイツ人の配偶者をもつ「特権ユダヤ人」が何人かいた。弱視のブラシ職人ジークベルト・レヴィン（一九〇二－没年不詳）もそのひとりである。レヴィンは収容所移送を逃れて生き延び、戦後はヴァイトの功績を伝える役割を果たした。

異人種婚は、ユダヤ人配偶者を迫害から守るうえで重要な意味をもっていたが、だからといって彼らの結婚生活が安泰だったわけではない。ドイツ人配偶者は「人種の面汚し」とさげすまれ、繰り返し離婚を迫られたし、離婚に応じなければさまざまな社会的制裁や差別を覚悟しなければならなかった。二十世紀前半に活躍した著名なドイツ人哲学者カール・テオドール・ヤスパースが勤務先のハイデルベルク大学を追放されたのも、彼の反ナチの思想に加えて、妻ゲルトルートがユダヤ人であることが原因だった。大学を追われたのちも、彼は自らの努力と忍耐で妻ゲルトルートを収容所移送から

守り抜いた。

異人種婚カップルのなかには、差別や困難に耐え切れず、離婚する者も多かったが、離婚すればユダヤ人配偶者は即座に特権をはぎ取られ、その先には過酷な運命が待っていた。

迫害の激化

ニュルンベルク人種法によって、ユダヤ人は国民としての身分を剝奪された。だが、これで終わりではなかった。歴史家としてナチスの政策に批判的であったドイツ駐在アメリカ大使ウィリアム・E・ドッドは、ニュルンベルク人種法はさらなる迫害の前触れにすぎないと予見した。ドッドの指摘は的中する。

ユダヤ人排斥の動きは日増しに激化した。ボイコットは日常の光景となり、「ユダヤ人お断り」と書かれた看板が商店、劇場、レストランからホテルまで街のいたるところにあふれた。公園のベンチは、アーリア人用とユダヤ人用に区別が設けられた。

社会的地位や職業も取り上げられた。ユダヤ人が経営する会社や商店は次々に閉鎖させられ、会社も商店もただ同然で買収された。医師はユダヤ人以外の患者を診察できなくなり、弁護士は活動を禁止された。

国民による「自主的な」ユダヤ人差別や迫害もますますエスカレートしていった。そもそもヒトラーが政権の座に就いたのは、国民の圧倒的な支持があったからである。ヒトラーが政権に就く直前のドイツ社会は重苦しい絶望感に覆われていた。公式に報告されているだけでも六百万人を超える失業者がいた。街頭ではデモが繰り返され、各種の政党と結びついた武装組織が激しく衝突した。自殺者も増え、自殺率はアメリカの二倍、イギリスの四倍にもなった。妊娠中絶も増加した。こうしたなかで、財政不安はもとより、人びとはドイツが文化的・精神的にも衰退しつつあることを感じていた。国民は、ドイツを混沌に陥れたワイマール共和制にうんざりし、健全で力強いドイツの回復を期待した。

ヒトラーは、そうした期待に見事に応えてみせた。

彼はドイツの経済を再生させ、自家用車や休暇のある夢のような生活を民衆にもたらした。ドイツ民族は優秀な「アーリア人」であり、劣等人種に血を汚されるべきではないというヒトラーの主張は、敗戦で挫かれたドイツ人の自尊心をくすぐった。なかでもドイツ国民を高揚させたのは、一九三八年三月のオーストリア併合であった。人びとは、オーストリアがすすんで併合を望んだことと相まって、ヒトラー政権の強大な力に酔いしれた。一九三八年十一月にベルリンからオランダ・アムステルダムに亡命したあるユダヤ人男性によれば、オーストリア併合からわずか数週間で、ドイツ国内における反ユダヤの空気が一気に高まったという。「勝利への陶酔」に高揚したドイツ国民は、以前に増してナチスに同調し、ユダヤ人を敵視した。ゼーリゲンシュタットというヘッセン州の小さな町では、シナゴーグ（ユダヤ教の教会）に通じる道の途中に何者かがロープを張った。礼拝に行く途中のユダヤ人がロープにつまずく姿を見て、子どもたちは大喜びではやし立てた。ドイツ中どこでも、そんな嫌がらせは日常であった。

それでもまだ、ドイツ国民のなかにはユダヤ人に同情を寄せる者も少数残っていた。明確な政権批判という意識でなくとも、彼らの苦境に心を寄せ、食べ物を与えたり、あえてユダヤ人経営の商店で買い物をするドイツ人もいた。ナチスの宣伝相パウル・ヨーゼフ・ゲッベルスの女性秘書であったブルンヒルデ・ポムゼルでさえ、古くからの友人だったユダヤ人女性エヴァ・レーヴェンタールへの同情心を失っていなかった。このことについて、彼女は晩年次のように語っている。

エヴァは、私の家に頻繁に来るようになっていた。母さんもエヴァの困窮を知っていたから、パンをもたせてあげたりしていた。でもそれは、純粋に人道的な理由によるものだった。政治の世界で何かが起きているせいで、エヴァの生活が危険にさらされているだなんて、考えもしなかった。
（ブルンヒルデ・ポムゼル他『ゲッベルスと私――ナチ宣伝相秘書の独白』森内薫／赤坂桃子訳）

しかし、ユダヤ人迫害が苛烈さを増すにつれて、こうしたささやかな良心さえ危険を伴うものとなっていく。一九三四年十二月に「悪意法」が制定されると、以後、国家と党に対する「悪意ある攻撃」という解釈さえ成り立てば、あらゆる行為が取り締まりの対象となった。ユダヤ人に対する救援や支援ももちろん、国家に対する「悪意ある攻撃」とみなされた。しかも、一九三三年に設立されたゲシュタポ（秘密国家警察）は、国民をいつでも令状なしに逮捕し、強制収容所に収容できる「保護検束」の権限を与えられていたから、ユダヤ人に手を差し伸べようとする者は、常にゲシュタポの影に怯えなければならなくなった。一九四一年十月になると、支援どころかユダヤ人に好意的な態度を示しただけでも、最高三か月の拘禁が科せられるようになる。ユダヤ人に食料を分け与えただけで、強制収容所に移送されたドイツ人もいた。

ユダヤ人に人道的な態度を示そうとするドイツ人を追い詰めたのは、ゲシュタポだけではなかった。ナチス政権は国民に密告を奨励した。社会のいたるところに監視の目が光っていた。ドイツ人たちは近所の住人同士を、レストランの店員は客を、夫が妻を、労働者は雇用主を、子どもたちは親や教師を監視するように教えられたのである。ホロコーストを逃れて生き延びた実在のユダヤ人と、彼らを救った人びとを描いた映画「ヒトラーを欺いた黄色い星」（二〇一八年日本公開）には、バスに乗り合わせたユダヤ人青年のポケットに高齢のドイツ人女性がそっと煙草を忍ばせるシーンが登場する。周囲の気配に注意を払いながらの一瞬の行動である。この女性にとってはユダヤ人青年への同情心の表現であり、ナチスに対する精いっぱいの抗議であった。ユダヤ人の強制移送が始まったドイツでは、たったこれだけの行動でさえ、身の危険を伴うようになっていたのである。

2. 救援者オットー・ヴァイト

こうして、大多数のドイツ人がユダヤ人の苦しみから目を背けた。ユダヤ人迫害に快哉を叫ぶ者もいたが、彼らの惨状を憐れに思う人びともいた。だが、そのような人びとも周囲の目や密告を恐れ、もはや見て見ぬふりに徹するようになった。

それでもなお、ドイツにはユダヤ人のために行動しようとする少数の人びとがいた。彼らのなかには農民もいれば工場労働者もいた。商人や家庭の主婦、あるいはまだ学校に通う十代の生徒たちもいた。その多くはどこにでもいるごく普通の人びとであり、オットー・ヴァイトもまた、そうした民衆のひとりだった。

オットー・ヴァイトとはどのような人物だったのか。どんな人生を送ったのか。彼はなぜ、国家政策に背いてまでユダヤ人を救おうとしたのか。そして、いかなる方法で救援を試みたのか。

まずはその生い立ちからたどってみることにしよう。

出生から青年期まで

オットー・ヴァイト、本名オットー・マックス・アウグスト・ヴァイトは一八八三年五月二日、ド

1-6　オットー・ヴァイト

イツ北部の町ロストックに生まれた。壁紙職人の父マックスに加え、父方の祖父ヨハンは仕立業、母方の祖父も左官という典型的な職人一家であった。生後三か月のとき、両親はヴァイトに聖ニコライ教会で福音主義の洗礼を受けさせている。

ヴァイトが生まれた当時のドイツは、アメリカと並ぶ第二次産業革命の牽引国として工業発展のさなかにあった。のちに世界有数の自動車メーカー、ダイムラー社へと発展するベンツ＆シー社がマンハイムで操業を開始したのも、ちょうどこの頃である。もっとも、経済成長の恩恵に浴したのはごく少数の資本家だけで、大多数の民衆の生活状況は劣悪だった。

幼少期のヴァイトがどのような環境で育ち、どんな子どもだったのかについては、残念ながらまったくわかっていない。ヴァイトや家族の姿を伝える一枚の写真さえ残っていない。唯一わかっているのは、一家が貧しかったことと、父マックスがかなりの大酒飲みだったらしいことくらいである。後年盲人作業所の経営者となったヴァイトは、自分がどれほど貧しい家庭で育ったかをしばしば従業員たちに話したという。「そんな自分が今では自分の作業所をもつまでになった」と語るときの誇らしげな表情を、インゲはよく覚えている。

ほかの多くの労働者たちと同じように、貧困は、ヴァイトの人生における最大の苦難であり呪縛だった。だからこそ、苦しい生活から逃れたいという熾烈な意識は、ヴァイトをさまざまな行動へと駆り立てる原動力となったのだろう。

ヴァイトが五歳のとき、一家はロストックからベルリンに転居し、以後、ヴァイトは生涯のほとんどをベルリンで過ごすことになる。父マックスは、ベルリンで壁紙張りに加えて、室内装飾の仕事もするようになった。ヴァイトもまた、義務教育を終えるとすぐに塗装業と金箔塗装の修業を始めている。父親と同じ職人となるためだった。もしかしたらヴァイトは、内心では上級の学校への進学を夢見ていたのかもしれない。後年の彼の行動には、学問や知識層の人びとへの強い憧れが見てとれるからである。だが、ヴァイトに限らず、貧しい境遇にある多くの民衆にとって、義務教育を終えれば仕事に就くのは当然であった。進路を選択する余地などあるはずもなかったのである。

「革命」への傾倒

一九〇三年、ヴァイトは二十歳になっていた。

この頃、親類のつてを頼ってハンブルクにいた彼は、働いていた二か所の活字製造工場を立て続けに解雇されている。原因は、賃金に不満をもった彼が他の労働者たちを扇動し、大がかりな暴動を起こしたことにあった。

この事件と相前後してヴァイトは、労働者たちが結成した無政府主義者《アナーキスト》のグループと接触するようになる。最初のきっかけは、ハンブルクの印刷工ヨハン・オッテンが九人の職人仲間とともに結成したアナーキスト・グループの集会に参加したことだった。

無政府主義者とは、国家がもつあらゆる権威を否定し、自由な個人の合意のみによって社会を構築すべきと主張する人びとのことである。社会主義者や労働組合を「社会民主主義の公安を脅かす存在」とみなした初代首相ビスマルクは、一八七八年に「社会主義者鎮圧法」を制定して彼らを徹底的に弾圧した。この法律によって追放処分を受けた者は九百人、投獄された者は千五百人を超え、国外移住を余儀なくされた者も数千人にのぼった。

だが、時限立法であった社会主義者鎮圧法が一八九〇年に失効すると、労働組合の主導によって、民衆の抗議行動が堰を切ったように各地で展開される。

第三代ドイツ帝国皇帝ヴィルヘルム二世は、日曜日の労働の禁止や一日あたりの労働時間を最長十一時間に制限するなど、労働者の処遇改善に努めたが、社会主義者は国家を脅かす危険分子として引き続き監視の対象であった。まして国家の存在そのものを否定するアナーキストは、国家の権威を揺るがす極左とみなされたから、当然ながら警察の監視下に置かれた。実際、ヴァイトの行動をつかんだハンブルク警察は、「塗装工兼金メッキ職人オットー・アウグスト・ヴァイトがオッテンたちの集会に姿を見せた」と即座にベルリン警察に通報している。

もっとも、ヴァイトが無政府主義《アナーキズム》の本質について、どの程度理解していたかは疑わしい。無政府主義をめぐる本来の学術論争の難解さからみて、また、ハンブルクの工場で彼が起こした行動からみても、むしろ単に階級闘争の一種と捉えていたと考えるほうが自然だろう。このことについては、彼が活動仲間とともに一九〇五年に作成したビラからも推測できる。ビラの文面には、確かに「無政府主義」ということばもいちおう出てはくるものの、内容はもっぱら労働組合の結成や労働ボイコットに関するものである。

実際のところ、多くの労働者たちにとっては、無政府主義だろうと社会主義だろうと、どちらも階級社会への批判という点では大差のないものだった。彼らにとって重要だったのは、自分たちの貧しい生活であり、彼らを搾取する資本家への怒りであり、社会格差を前提とする国家の仕組みそのものへの不満であった。折しも当時のドイツは労働運動の全盛期であり、労働条件の改善や労働者委員会の設置を求めてストライキに参加することは、労働者たちにとって日常の行動となっていた。たとえば一九〇五年に鉱山労働者による初の大規模闘争が行われた際には、全国で二十八万人いる鉱山労働者のうち、実に二十二万人がストライキに参加したという記録もある。

「俺は、革命家だ！」

ヴァイトに命を救われたユダヤ人女性のひとりアリス・ベアトリーチェ・リヒト（一九一六－一九八七）によれば、このことばはヴァイトが自分のユダヤ人救援活動を語るときの口癖だったらしい。ひょっとするとヴァイトは、若き日に身を投じた労働運動と、後年のユダヤ人救援活動を心のどこかで重ね合わせていたのだろうか。彼が「革命とは何か」を知ったのは、無政府主義や労働運動を通じてであった。資本家に搾取される労働者と、ナチスの圧政に苦しめられるユダヤ人の間に、彼は共通点を見いだしていたのかもしれない。

労働運動に没頭するヴァイトは、ますます警察から目をつけられるようになっていった。

一九〇七年五月、ヴァイトは活動仲間のユダヤ人ヴェルナー・カールフンケルシュタインとともに逮捕される。彼が一九〇五年一月から編集責任者を務めていた雑誌「アナーキスト」の掲載記事が、警察から不適切と判断されたからである。記事を書いたのはヴァイトではなかったが、彼は編集者としての責任を問われ、禁固一か月の刑を言い渡された。

もっともヴァイトの場合、逮捕された本当の理由はほかにあった可能性もある。というのも、警察はヴァイトとカールフンケルシュタインを重要人物としてマークしていたからである。当時警察は彼らがロシア革命を支援する秘密結社の構成員であると認識していた。事の真偽は定かでないが、その秘密結社は無政府主義者と共産主義者によって構成されていたから、ヴァイトがその一員だったとしても不思議ではない。

最初の結婚と破綻

一九一二年七月、ベルリン警察本部はヴァイトが無政府主義活動から退いたことを確認し、監視者リストから彼の氏名を削除した。このときヴァイトは二十九歳になっていた。初めて無政府主義の仲間たちと出会ったときから、すでに九年の月日が過ぎていた。

彼が活動から離れた最大の理由は、共鳴し合える活動仲間がいなくなってしまったからである。彼が信頼を寄せてきた同志たちは相次いで国内外の遠地に去り、新たに仲間を見つけることも困難だった。加えてこの頃になると、ヴァイトは以前にも増して生活に困窮するようになっていた。彼は、あちこちの工事現場で身分も賃金も低い臨時職工として糊口をしのいだ。だが、とうとう金に困って勤め先から現金二十マルクをくすね、解雇されてしまう。すべてを失った彼は結局両親を頼り、ベルリン市ヴィルマーズドルフの実家に居候する羽目になった。

彼が最初の結婚をしたのは、それから間もない一九一三年四月のことであった。相手の女性はマルタ・コニェツニといい、ヴァイトより四歳年下の針子だった。最初の、というのはヴァイトは生涯に三度の結婚をしているからである。ふたりがいつ、どこで知り合ったのかははっきりしないが、ひょっとすると不甲斐ない息子を心配した両親の勧めによる縁談だったかもしれない。

マルタはカトリック信者で、彼女の父親は製粉業を営んでいた。

家庭をもったヴァイトは、塗装業と壁紙張りの仕事に励んだ。この頃には、彼は雇われの身分ではなく自営で内装業を営むようになっていた。さらに結婚と相前後して、親しい同業者アルノルト・ゲルハルトと共同で、ベルリン市ヴィルマーズドルフに壁紙張りとインテリアデザインを手がける会社も立ち上げている。一九一四年には長男ヴェルナーが生まれ、ヴァイトは三十一歳で父親となった。続けて翌年には次男ハンスも生まれ、彼はようやく、ささやかだが平穏な幸せを手に入れたかに見えた。

しかし、結婚生活はあっけなく終わった。妻マルタの主張によれば、ヴァイトは長男が生まれて間もない頃から複数の女性と懇意になり、自宅に寄りつかなくなってしまったらしい。

ヴァイトはなぜ家族を捨てたのか。このことについて彼は一切語っていない。ただ、彼が数年後につづった一編の詩をみると、ことばの端々に当時の心境がうかがえる。

「展望」
若い日の夢
虚しい嘆きにかき消されるものもあれば
喜ばしく始まってゆくものもある
私はおまえたちが消え去ってゆくのを笑いながら眺めていた

早熟さ――冷静な眼差しをもって
自らの運命を導きながら
私はなお青春のさなかに立つ
ここが最後の境界線だと知って

どちらを選んでもよいのだ　終わりにしても
始めたことを貫きとおしても
わが目の前に広がる自由な人生
私はそこに自ら価値を与えたのだ

だが臆病な自分は死んだ
かつては人の顔色をうかがっていた
私は冷静になった
わが最良の愛が流れのなかに砕け散っていくのを見たときから

わが愛を見るように　わが憎悪を見た
私は人生の闘いに戦慄する
私は他者を冷たく欺くことができた

そして自分を欺くことができた

ただ己の意思だけがわれを導く
願望のみが私を駆り立てる
弱く、愚かな群衆のもとへ
それはかつて私の同行者だった人びと

終わりにすることもできる　貫きとおすことも
わが幸福も不幸も
常にわが手のなかにある
変えられない運命などないのだ

（オットー・ヴァイト「詩」一九一七年二月、筆者訳）

彼のいう「弱く、愚かな群衆」「かつて同行者だった人びと」とは、ともに闘った労働運動の仲間をさしているのだろうか。もしかするとヴァイトは家庭をもってからもかつて情熱を傾けた「革命」の世界を忘れることができず、ふたたびそこに戻りたいという衝動にとらえられていたのだろうか。

だが理由はどうあれ、出産後間もない妻や二人の幼子を顧みず女性のもとに入り浸っていたとなれば、マルタがヴァイトを憎むのは当然である。結局一九一六年、ふたりは離婚した。さらに会社も経営不振に陥り、共同経営者であったゲルハルトとの関係も解消している。事業の不振については、彼自身の経営手腕の不足によるものか、それとも第一次世界大戦の長期化による市民生活への圧迫が要因だったのかはわからない。

マルタのほうは、幼い二人の子どもを育てるために働きづめの生活となった。まだ一歳にならない次男ハンスを家に残し、昼は針子、夜は高齢者施設の介護職員として働いた。それでも十分な収入は得られなかった。となれば、貧しい家庭の出身で実家に頼ることもできないマルタにとって、金銭を要求できる相手はヴァイトしかいなかった。そのためかどうか、結局ふたりの同居生活は離婚後もしばらく続いたのである。

第一次世界大戦への従軍

一九一六年秋、長引く第一次世界大戦の戦局のなかで三十三歳のヴァイトにも召集令状が届く。渋々ながら応召こそしたものの前線で戦いたくなかったヴァイトは、自分は耳に持病があり、しょっちゅう炎症を起こすと申し立てた。詐病であったが、幸運にも虚偽を見破られることなく、彼は負傷兵の看護と世話を担当する衛生兵として、ベルリンから八十キロほど離れたキュストリンという町の野戦病院に配属された。

ヴァイトはなぜ、このような行動をとったのか。後年彼は、ユダヤ人従業員たちに対して、自分は昔から平和主義者で、どうすれば武器をもたずに済むかを考えたのだと語っているが、本当のところはよくわからない。

ただ、のちにヴァイトが救ったユダヤ人のなかには、第一次世界大戦に従軍した人びともいた。ヴァイトの盲人作業所の従業員ロータ―・ブリーガー（一八八二－一九五二）やカール・フィリップ・ブラッハ（一八八七－一九四六）もそうであった。ヴァイトより一歳年上のブリーガーは、一九一五年から終戦まで水兵として戦った。一方、父親の跡を継いで革製品や靴の販売業を営んでいたブラッハは、第一次世界大戦末期の前線で負傷し、本当に耳に障害を負った。ナチスは、先の大戦でドイツのために前線で命を張った人びとまで、容赦なく弾圧の対象としたのである。その一方で、彼らを救ったのが詐病を使ってまで前線を逃れたドイツ人のヴァイトだったとは、なんという皮肉だろうか。

ともあれ、従軍中のヴァイトは気管支カリエスや栄養失調症等、幾度か病を発症しながらも、その都度回復して一九一八年に終戦を迎えた。

知識層への憧れ

復員したヴァイトは帰るあてもなく、ふたたび母親の家に転がり込んだ。父のマックスは、すでに他界していた。間もなく彼は、母の家でヨハンナ・ベルタ・シュトルという一歳年下の女性と同居するようになる。ヨハンナの父親もまた、貧しい日雇い労働者だった。一九一九年十一月二十八日、ヴァイトはヨハンナと正式に結婚する。ヴァイトは三十六歳、すでに三十代も後半にさしかかっていた。

ヴァイトは仕事に精力を傾け、さまざまな事業に乗り出した。一九二〇年頃には、ベルリン市シュパンダウにソファを製作する工場を立ち上げている。だが、この事業はうまくいかなかった。原因について、のちにヴァイトは子どもの養育費を要求する前妻マルタに工場を差し押さえられたせいだと盲人作業所の従業員たちに語っている。もっとも、彼の長男ヴェルナーは、工場はヴァイトの力量不足で破産したのだと話しており、どちらの言い分が正しいのかは定かでない。

ソファ工場の設立と相前後して、ヴァイトは室内装飾の会社も立ち上げた。さらに、詳細はわからないものの、一九二〇年と二一年のベルリン市住所録にはヴァイトは「建築士」という肩書で記載されている。ヴァイトが本当に建築学を学んだのかは疑わしいし、実際に建築士としての仕事をしていたのかどうかも謎である。ただ、こうした精力的な行動から、貧しい職人のまま人生を終わりたくない、事業者としてなんとか成功を得たいというヴァイトの強い思いは見てとれる。

いずれにせよ、この時期ヴァイトがようやく貧困から抜け出し、ある程度の経済的安定を得ていたことは確かなようだ。

精神的余裕のできたヴァイトは、足繁くカフェに通うようになる。その最大目的は、カフェに集う文化人たちと接触し、彼らの会話に耳を傾けることであった。なかでも一九〇一年創業の「ロマーニッシェス・カフェ」は、画家、作家、音楽家からジャーナリストまで、幅広い分野の文化人が集い、芸術談義を咲かせる場所として知られていた。ヴァイトはこの「ロマーニッシェス・カフェ」の常連客だった。

「ロマーニッシェス・カフェ」の客には、若き劇作家ベルトルト・ブレヒトもいれば、『飛ぶ教室』『点子ちゃんとアントン』などの児童文学で日本でも知られる作家エーリッヒ・ケストナーもいた。ユダヤ人の画家マックス・リーバーマンや、同じくユダヤ人の作家シュテファン・ツヴァイクもいた。そうそうたる文化人たちに交じって、ヴァイトは、彼らと親しく挨拶を交わす間柄になっていた。

常連客のなかには、かつてヴァイトのアナーキスト仲間で、その後著名なジャーナリストになっていたフランツ・プフェンフェルトもいた。これは推測だが、ヴァイトが文化人たちの知己を得られたのは、プフェンフェルトのとりなしによるところが大きかったと思われる。

彼がいかにこの店に入り浸っていたかがわかるエピソードがある。前妻のマルタは、ヴァイトから養育費を取り立てたいときには、決まってここで待ち伏せたという。この店にいれば、確実にヴァイトに会えると考えたからであった。

1-7　ロマーニッシェス・カフェ　1908年

母親に連れられてこのカフェに出入りしていた長男のヴェルナーは、店のなかでの父親の姿をよく覚えていた。ステッキを携え、ゲートルを巻いて現れるヴァイトは、上質で流行の身なりをした立派な客として知られていた。だが、ヴェルナー少年の目には、店の客になら「猫も杓子も」誰にでも親しげな態度で接する父親が、思いあがりの強い気障な人間に見えた。ヴェルナーはのちに、カフェでのヴァイトを「前から見れば馬鹿げた洒落者だが、後ろに回ってみれば、みっともなくてみすぼらしい」存在にすぎなかったと吐き捨てている。

ヴァイトにとって、文化・芸術談義が飛び交うカフェの店内は学問や文化に触れることのできる「学校」のような場所だったのだろう。彼が学問や文化、とりわけ文芸活動に対していかに強い憧れをもっていたかは、見よう見まねでいくつもの詩を作っていることからも見てとれる。それらは作品としてはたどたどしいものだったが、カフェ通いや詩作を通じて、彼は「文化人」の仲間入りができたことの喜びを味わったのである。

ともあれ三十代後半は、ヴァイトの生涯でつかの間の平穏な時代であった。

失　明

四十歳を過ぎた頃から、ヴァイトは目に異常を感じるようになった。その後視力は急速に低下し、四十二歳前後で失明している。もっとも完全に見えなくなったわけではなく、ものの形がぼんやりわかる程度の視力は残っていたらしい。このことについて、前述の従業員アリスは、ヴァイトが「視力の七十五パーセントを失っていた」と指摘している。いずれにせよ、当時のドイツでは、ヴァイトの目の障害は「弱視」ではなく「盲」に分類される範囲であったから、重度の障害であったことは間違いない。

わが身に突然降りかかった過酷な運命を、ヴァイトはどのように受け止めたのか。このとき経験したであろう衝撃や苦悩を、彼は一切書き残していない。だがともかく、彼は働いて収入を得なければならなかった。失明はヴァイトから日常生活を奪い、職業を奪った。精神的な苦痛はあったとしても、立ち止まって苦悩している猶予はなかった。今一度生活を立て直し、視力に頼らなくてもこなせる仕事を早急に見つけなくてはならなかった。

その一方でヴァイトは、失明は第一次世界大戦への従軍の際に受けた損傷が原因だと主張した。もっともその詳細は明らかではないし、本当に戦争が原因なのかもよくわからない。病気によるものなのか、病気だとすれば病名は何か、あるいは怪我の後遺症なのかも不明である。ただ、失明後の彼に出会った人びとによれば、彼の青い目には白い濁りがあったという。

従軍による損傷が失明の原因だと認められることは、ヴァイトにとって重要だった。傷痍軍人として認定されれば、年金を得ることができたからである。とくに彼の場合、復員後すでに長い期間が経過していたから、ことはそう簡単には運ばなかった。それでも最終的には彼の主張が認められ、彼は傷痍軍人年金受給の対象者になった。

仕事に関してはシュテグリッツ地区にあるベルリン盲学校に通い、職業訓練を受けた。パリ、ウィーンに次いで盲学校として世界で三番目に長い歴史をもつ伝統校である。当時の盲学校は、学齢期の盲児や弱視児に数学や理科、国語等を教えるだけでなく、失明した成人がふたたび手に職を得て自活できるよう、職業訓練を提供する場でもあった。

当時のドイツではタイプライター、電話交換、工場内労働、かご・箒・ブラシ製作等の手仕事、マッサージ、印刷工、製本業、編み物、ピアノ調律、小売店の経営など、相応に幅広い職種が盲人の職業として想定されていた。こうした職業訓練を受けられる施設はベルリンだけでも三か所あり、一九二一年の時点で二百人を超える失明軍人が一般の失明者とともに職業訓練を受けている。

さまざまな職種のなかでヴァイトが選んだのは、箒とブラシ製作だった。もともと職人だったヴァイトにとって、おそらくもっとも身近であり、これまでに体得してきた技術、身体感覚等も応用しやすい職種だったのだろう。

職業訓練を受けるうえでは、当時がワイマール共和制の時代だったこともヴァイトに幸いした。世界でもっとも民主的な憲法とされたワイマール憲法のもとで、政府は社会保障の充実に努めた。そのなかには障害者に対する施策も含まれていた。たとえば一九二〇年四月には、官公庁や民間事業主に対して、障害者の雇用を義務づける世界最初の法律が制定された。いつの時代も、戦争は膨大な数の障害者を発生させるが、その結果としてしばしば国家の社会保障やリハビリテーションの進展が促されてきたことも、歴史が語る事実である。第一次世界大戦後のドイツもまさにそうであった。雇用義務の対象となった障害者は、当初は傷痍軍人だけだったが、のちに障害のあるドイツ国民すべてに拡大された。さらに一九二四年には、失明者が職業訓練を受ける権利も保障されるようになった。

1-8　かごを編む盲人たち　1920年代頃

三番目の妻エルゼ

一九三一年ごろまでには、ヴァイトは箒とブラシ製作でふたたび生計を立てられるまでになっていた。失明したときすでに四十歳を超えていた彼が、視覚に頼らずに日常生活を送り、職業を身につけるまでにどれほどの努力を必要としたか、想像に難くない。

それでも、彼は人生に絶望してはいなかった。この頃ヴァイトに新たな出会いが訪れる。のちに三番目の妻となるエルゼ・エルナ・ナスト（一九〇二－一九七四）である。ヴァイトはすでに五十歳近い年齢になっていた。二番目の妻ヨハンナとは、すでに一九二八年三月に離婚が成立していた。

エルゼはヴァイトより十九歳も年下であったが、彼女もまた、ヴァイトと同じように貧しさとは何かをいやというほど知り尽くしてきた女性だった。エルゼの父親は、夏の間だけ舗装工として働く季節労働者だった。冬になると失業する父に代わって、母親も工場勤めをして一家を支えた。四人きょうだいの長子だったエルゼは、義務教育を終えるとすぐに家政婦として働いた。その後、父親が第一次世界大戦に応召し、さらに母親も失業すると、エルゼは家族の稼ぎ頭として雇ってくれる場所があればどんな仕事でもした。その傍ら、婦人服の縫製や帽子の製作技術を身につけたエルゼは、ヴァイトと出会ったときには、ベルリンの一等地クーアヒュルステンダム通りに店を構える最新モードの婦人服を扱う店で、帽子職人として雇われるまでになっていた。

1-9　三番目の妻エルゼ

ふたりが互いに相手の何に惹かれたのかは

明らかでない。だが、生活の苦境に押し流されず、帽子づくりの技術を身につけて一歩でも前進しようとするエルゼの姿に、ヴァイトは自身の半生を重ね合わせたのかもしれない。エルゼもまた、歳を重ね、障害を負ってなお立ち上がろうとするヴァイトのたくましさに共感したのだろうか。

一九三六年九月にふたりは結婚する。ヴァイトは五十三歳、エルゼは三十四歳であった。働き者のエルゼは障害のあるヴァイトの日常生活を助け、箒やブラシ製作の作業を手伝った。だが、ヴァイトにとってエルゼという伴侶を得た幸運はそれだけにとどまらない。彼女は夫のユダヤ人救援活動の理解者となったからである。ヴァイトのユダヤ人救援活動のなかで、エルゼがどの程度重要な役割を演じたのかは、残念ながらよくわかっていないが、少なくとも側面から夫を支え、手伝っていたことは、生き延びたユダヤ人たちの証言から明らかにされている。たとえ家族であっても夫が妻を、妻が夫を、あるいは子が親を平然と密告したナチスの時代にあって、障害のあるヴァイトが臆することなく救援活動を継続できたのは、妻エルゼの深い理解があってこそだったと考えてよいだろう。

第二章　オットー・ヴァイト盲人作業所

1．盲人作業所の開設とユダヤ人の雇用

再出発

箒やブラシを製作する職人として生計を立てられるようになったヴァイトは、経営者となって盲人作業所を運営しようと計画する。盲人作業所とは盲人を従業員として雇い、箒やブラシ、かご、マットレス、籐椅子等の製品を作る工房のことである。正確な時期は不明だが、一九三六年頃にはベルリン市クロイツベルク地区のグロスベーレン通りにある建物の一角に作業所を構えたようである。もっとも、従業員を雇うようになるのは一九三九年以降で、それまではヴァイトと妻エルゼのふたりで細々と仕事をこなしていた。

ヴァイトの作業所があったグロスベーレン通り九十二番地の建物の入り口には、今日、かつてここに盲人作業所が置かれていたことを示す小さな記念碑がある。記念碑といっても、小ぶりのプレートに一枚の写真と短い説明文を記しただけのささやかなものだが、これもまた、第一章で触れたバイエルン地区の標識と同じように、ナチスの時代を現代に伝える「記憶文化」の努力の一環である。

記念碑の写真に写っているのは、ヴァイトと妻エルゼのほか、盲人作業所の従業員と思われる七人の男女である。説明文には次のように書かれている。

――グロスベーレン通り九十二番地――

この建物には、一九三六年から一九四〇年までオットー・ヴァイトのブラシ製作所があった。彼は迫害されているユダヤ人従業員たちを助けた。そのなかには盲人もいた。作業所を移転した後、彼はその部屋を住居としてカール・ダイベルに貸した。ダイベルはここでユダヤ人や国家社会主義

2-1　ヴァイトの作業所が置かれていたグロスベーレン通りの建物

2-2　ヴァイト（前列中央）、妻エルゼ（前列左）とクロイツベルク時代の盲人作業所の従業員たち　1940年頃

体制による政治的被迫害者を匿った。その際、ダイベルを援助したのはエンマ・トロストラーだった。彼女は食料品を調達し、自分が営むクリーニング店でナチスに背いて潜伏者たちを雇用した。四人の人びとが生き延びた。

エンマ・トロストラー（一八八三－没年不詳）とカール・ダイベル（一八九七－一九八二）は、いずれもヴァイトのユダヤ人救援活動の主要な協力者である。トロストラーは、ヴァイトの作業所があったグロスベーレン通りの建物の管理をしながらクリーニング店を営んでいた。ヴァイトと出会った当時、トロストラーはすでに夫と死別していたが、その亡夫はウィーン出身のユダヤ人だった。

2-3　エンマ・トロストラー　1945年頃

2-4　カール・ダイベル　1945年頃

一方、カール・ダイベルは共産主義の支持者であり、筋金入りの反ナチだった。ヴァイトとダイベル、トロストラーの協力関係については第四章で詳述するが、彼らとの出会いはヴァイトがユダヤ人救援活動を展開するうえできわめて重要な意味をもった。ヴァイトに限らず、ユダヤ人の救援活動には多くの場合、志を同じくする仲間の存在が不可欠だったからである。

さて、ヴァイトはグロスベーレン通りの作業所で箒とブラシの製作を始めたものの、この作業所が正式に「盲人作業所」として認められるためには、ドイツ盲人手工業者連盟《ハントヴェルク》の認可を得る必要があった。連盟による認可は従業員を雇うための必須条件であったから、認可が得られるかどうかはヴァイトにとって死活問題だった。しかし、認可は簡単にはおりず、ヴァイトがようやく連盟から営業を認められたのは一九三九年二月であった。

こうしてヴァイトは名実ともに「オットー・ヴァイト盲人作業所」の経営者となったのである。

共同経営者クレマート

さて、「オットー・ヴァイト盲人作業所」にはヴァイトのほかにもうひとり経営者がいた。ヴァイトの友人のグスタフ・アドルフ・ゲオルク・クレマート（一八九九–没年不詳）である。クレマートは共同経営者というより実際は代理人のような立場であったようだが、それだけではなく、ユダヤ人救援活動の協力者でもあった。

ではクレマートとはどのような人物だったのか。

ヴァイトより十六歳年下のクレマートは、元共産党員であった。学校卒業後、非熟練工として金属加工工場で働いていたクレマートは、第一次世界大戦中に弾薬工場で起こった六百人規模のストライキに参加し、逮捕されて前線に送られている。戦後は、ドイツ共産党と近い関係にある「戦争被害者・労働者国際連盟」のベルリン＝ヴァイセンゼー支部の議長を務めていた。

冒頭でも触れたが、反共主義はナチスにとっていわば党是であったから、共産党とその支持者は徹底的な排斥と処罰の対象だった。政権成立からわずか二か月で、共産党は国政、地方議会を問わずあらゆる議会で議席を剝奪された。地下に潜伏した党指導者は見つかり次第処刑された。ひそかに活動を続ける党員も、露見すれば強制収容所が待っていた。ナチスが徹底的に弾圧した共産党の支持者を共同経営者としたところに、反ナチを貫くヴァイトの意思が明確に見てとれる。

共同経営はヴァイト、あるいはクレマートのどちらからもちかけた話だったのか。ヴァイト、クレマートの双方にとってどのようなメリットがあったのか。詳しいことは不明だが、クレマートはのちに「オットー・ヴァイトという盲人と知り合い、一緒に行商をやることになった」と記している。「オットー・ヴァイトという盲人と知り合った」と記していることから、ふたりの出会いは、ヴァイトが失明してから後のことだったと考えて間違いないだろう。

クレマートが盲人作業所の事業を「行商」と表現しているのは、作業所で製作した箒やブラシを彼ら自身で一般家庭や事業所などに持ち込んで売り歩いたからである。事業の滑り出しは好調で、一九三九年の三月から十一月までの九か月間で、九千マルクの売り上げを達成した。その最大の理由は、製品の価格設定にあった。ヴァイトは作業所の製品に一般の工場で製造されたものと同等の値段をつけた。これは、当時としては異例であった。多くの盲人作業所では、「障害者が作った製品」だという理由で、一般的な価格よりも安価で販売していたからである。顧客の側にとっても、盲人作業所の製品を購入することには、しばしば慈善や寄附の意味合いが含まれていた。だが、ヴァイトはそうしなかった。人びとの慈悲に訴えて商売をするのではなく、製品の価値だけで勝負しようとしたのである。

最初の従業員たち

盲人作業所の認可を受けると、ヴァイトはさっそく従業員を雇った。もっとも、当時のヴァイトはまだ経営者として出発したばかりであるうえに、作業所として借りていた部屋も手狭だった。当時雇っていた従業員の正確な人数は不明だが、それほど大人数の従業員がいたとは考えられない。せいぜい多くても七、八人といったところだったろう。その従業員も全員がユダヤ人だったわけではなく、ドイツ人もいた。

2-5　執務室で働くヴァイト（左手前）、アリス（左奥）、クレマート（右）

最初の従業員となったのは、ポーゼン（現在のポーランド領。ポーランド名・ポズナン）近郊出身のジークフリート・レヴィン（一九〇九－一九四三　アウシュヴィッツで殺害）だった。レヴィンが生来の盲人だったのか、それとも中途失明者だったのかは不明だが、ヴァイトのところにやってきたとき、彼はすでにブラシ製作の技術を身につけていた。かつてのヴァイトと同じように、レヴィンもおそらくどこかの盲人施設で職業訓練を受けたのだろう。

レヴィンには十歳年上の妻ゲルトルートと、幼い二人の子どもがいた。ヴァイトの作業所にやってきたとき、息子マルティンは五歳、シャイネと名づけた娘はまだ生まれた

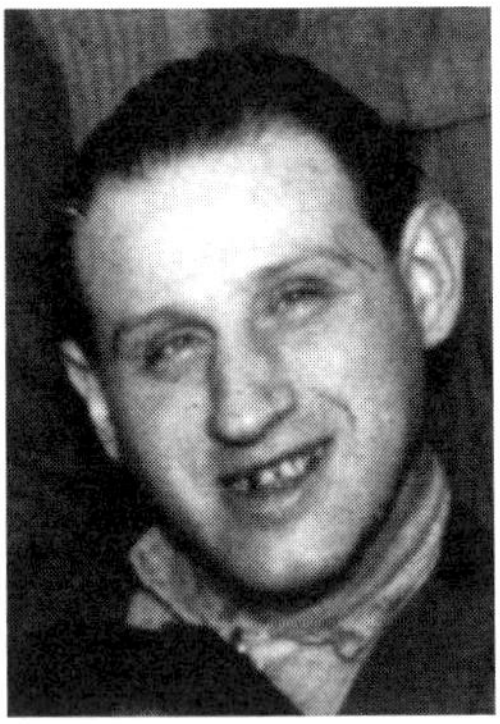

2-6　最初のユダヤ人従業員、ジークフリート・レヴィン

ばかりだった。レヴィンは一九四三年六月、妻と幼い二人の子どもたちとともにアウシュヴィッツに移送されるまで、約四年間をヴァイトの作業所で過ごすことになる。

マルティン・ヤコブソン（一八七九－一九五七）、クルト・アブラハム（一九〇六－一九四二　ヘウムノ絶滅収容所で殺害。なおヘウムノは現在のポーランド領）という二人のユダヤ人男性も、早くからの従業員だったことがわかっている。グラウデンツ（現在のポーランド領。ポーランド名グルジョンツ）生まれのヤコブソンは、ヴァイトの作業所に雇われたとき、すでに六十歳になっていた。彼はもともとは訪問販売員だったが、五十歳を過ぎてから失明し、その後はしばらくの間出納係として働いていたらしい。子どもはいなかったが、彼には二十年近く連れ添ったドイツ人の妻エルマがいた。いわゆる「異人種婚（ミシュエーエ）」である。

もうひとりの従業員アブラハムについては、ブレスラウ出身であること、おそらく全盲だったと思われること、独身で子どももいなかったことが把握されている程度である。アブラハムはのちに、作業所の従業員たちのなかで最初の収容所移送の犠牲者となる。

だが、ここにひとつの疑問が生じてくる。先ほど述べた「記念碑」には、ヴァイトがグロスベーレン通りの作業所で「ユダヤ人従業員たちを助けた」と記されている。しかし、この時期のヴァイトは、確かにユダヤ人を従業員として雇ってはいたが、まだそれ以外に何か特別な救援活動をしていたわけではない。となれば、ヴァイトの場合、雇うという行為そのものが一種の救援活動として成立していたことになる。

それはどのようなことなのか。

この疑問を解くためには、まず一九三九年当時のユダヤ人、とくに盲のユダヤ人が置かれていた状況を理解しなくてはならない。

逃げ惑うユダヤ人と閉ざされた国境

この頃、ユダヤ人たちはますます追い詰められていた。

当初ナチスが目ざしたのは、ユダヤ人を国外追放し、ドイツの「ユーデンライン化（ユダヤ人をドイツから一掃すること）」を実現することであった。はじめは楽観的な見通しをもっていたユダヤ人たちも、次第に現実を悟るようになった。ドイツを捨て、海外に生きる道を求めるユダヤ人も増えていった。そのなかには、のちに一九七〇年代のアメリカで国務長官を務めたヘンリー・キッシンジャーや女性哲学者ハンナ・アーレントもいた。ナチスは出国に際して法外な特別税を課し、文字通り身ぐるみを剝いで彼らを国外に追放した。ユダヤ人を追い出したうえに税収も得られるのだから、ナチスにとってもまさに一石二鳥であった。

とはいえ、ドイツに暮らすユダヤ人五十二万人余のうち、一九三七年までに国外に逃れたのはわずか四人にひとり、人数にしておよそ十三万にすぎなかった。

日々ナチスの迫害に直面しながら、彼らはなぜドイツにとどまり続けたのか。

経済的な問題は重要な原因であった。高額の出国税を払えないユダヤ人には、ドイツを捨てることさえ困難だった。しかも、資産をもたないユダヤ人はどの国からも歓迎されなかった。経済的理由に加えて、高齢や障害も入国を拒否される要因となった。もし家族や親族のなかに老人や障害者がいれば、家族をドイツに残して逃げられる者だけが国外に逃れるか、あるいは家族全員がドイツに残り最後まで運命をともにするか、いずれかの選択を迫られた。

さらに、多くのユダヤ人には迫害が進行してもなお、ドイツを離れることにいささかの躊躇があった。ドイツには家族や親族がいた。ようやく手に入れた家があった、友人がいた。苦労と努力を重ねて築きあげた社会的地位や、長年なじんできた日々の生活があった。これまでの人生の何もかもを捨て、見知らぬ国で一から生活を再建せねばならないことへの不安や恐怖心にも苛まれた。当然であろう。母国を捨てるという行為が、そんなに簡単であるはずはない。

だからこそ、海外移住を決意した人びとでさえ、当初の移住先はオランダなどの近隣国が主であった。住み慣れた母国ドイツとせめて地理的にも文化的にも近い国にという願いからである。だが、ナチス・ドイツが近隣諸国にまで勢力を拡大すると、彼らは皮肉にも逃亡先でふたたびナチスの迫害に直面することになる。ナチスを逃れて移住したはずのオランダで潜伏生活を余儀なくされたアンネ・フランク一家もその一例である。

こうしてユダヤ人たちは次第に北米や南米、イギリス委任統治領のパレスチナ等、これまでの生活から大きく隔絶した地への移住を選択するようになっていく。もはや身ひとつ、命さえ助かればそれでよいと覚悟しての移住であった。

しかし、時代は彼らに対してあまりにも残酷だった。ユダヤ人を追い詰めたのは、ナチスだけではなかったのである。
一九三八年七月六日から十五日にかけて、三十二か国の代表がフランスのエヴィアンに集まり、非公開の会議を開催した。ナチスを逃れて逃げ惑うユダヤ人の存在は、今や国際社会で深刻な難民問題となっていたのである。アメリカ大統領フランクリン・D・ルーズヴェルトの提案によって行われたこの会議は、各国におけるユダヤ人の受け入れを話し合うことが目的だった。
エヴィアン会議の開催を知ったヒトラーは、次のような声明を出す。

私としては、こうした罪人ども（ユダヤ人）に対してかくも深い同情を寄せてくれる諸国が、せめてその同情心を実際的な支援に転換してくれるようにと願うばかりである。我々は、この犯罪者どもをこうした国々にいつでもくれてやる準備ができている。なんなら豪華客船で送り届けてやってもいい。

（マイケル・ベーレンバウム『ホロコースト全史』石川順子／高橋宏訳）

ところが、協議の結果明らかになったのは、どの国もユダヤ人のさらなる受け入れに拒否的であるという冷酷な事実だった。代表者たちは、めいめい人道主義的な立場やキリスト教的な精神に基づきユダヤ人の苦境に同情を表明した。それでいて実際の受け入れの話になると、一転して自国が抱えるあれこれの事情を口実に予防線を張った。イギリスは国土の狭さを、カナダは経済不況を、コロンビアは二千年続いてきた自国のキリスト教文明を理由にした。提案国であったはずのアメリカは、最初から及び腰だった。ルーズヴェルトにいたっては、会議開催の提案者でありながら、自国の代表として任命したのは政府の高官ではなく、自分の友人で実業家のマイロン・チャールズ・タイラーだった。

この状況をみたフランスの首相エドゥアール・ダラディエは、この会議はルーズヴェルトがアメリカ国内の世論を懐柔するためのジェスチャーにすぎないと皮肉った。

実際のところ、当時のアメリカは人口の三・五パーセントを占める自国のユダヤ系住民に対応するだけで精いっぱいであった。アメリカもまた、実業界、学界、政治等さまざまな分野を席巻するユダヤ系住民への対応に苦慮していた。人びとは「ユダヤ人はアメリカにとって大きな脅威である」と感じていた。一九三〇年代末に行われた調査では、アメリカ人の六十パーセントが「ユダヤ人には不快なところがある」と感じ、半数近くが「ユダヤ人はアメリカで権力をもちすぎている」と答えている。ドイツほどではないにせよ、第二次世界大戦期は、アメリカでも反ユダヤ主義がピークに達した時期であった。当のユダヤ系住民たちもまた、アメリカ国内の反ユダヤ主義を煽りたくないという理由で、ドイツからの同胞の受け入れには消極的だった。もともとルーズヴェルトが会議を提案したのも、アメリカがさらに多くのユダヤ人を引き受けるためではなく、どこか他の国が引き受けるのを期待してのことであった。

結局、エヴィアン会議はこれ以上ユダヤ人を受け入れる国がないことを明らかにしただけであった。

なお、余談だがルーズヴェルトは第二次世界大戦中、日系人や日本人移民に対し強制収容所への収監政策を発令した人物でもある。要するに、建前とはいえユダヤ人救援のための会議開催を提案した彼が、程度の差こそあれヒトラーと類似の政策を推進したのである。

ドイツに残されたユダヤ人と「水晶の夜」事件

ドイツに残されたユダヤ人たちを、さらに過酷な試練が襲う。

一九三八年十二月にパレスチナに逃れたユダヤ人の歴史家クルト・ヤコブ・バル＝カドゥリは、「一九三八年が明けると、人びとは大惨事がすぐ目の前に迫っていると感じるようになった」と回想する。彼によれば、それまで多くのユダヤ人は、たとえ気づまりで不安な環境だったとしても、なんとかドイツでやっていけると信じていたという。しかし一九三八年になるともはやそうした思いは消え、ドイツ国内に生きる道はないと理解するにいたったのである。

残念ながら彼らの理解は正しかった。一九三八年十一月九日夜、ユダヤ人に対する暴力と徹底的な破壊行為が全国で一斉に勃発した。ドイツ国民による偶発的な事件に見せかけながら、実はナチスが周到に計画したこの事件にはその後、当のナチスによって「水晶の夜」という実態とはあまりにもかけ離れた美しい名がつけられた。粉々に割れたガラスが、月明りの下で水晶のように輝いていたからである。

ベルリンで精力的にユダヤ人救援活動を行った女性ジャーナリスト、ルート・アンドレーアス＝フリードリヒは、「水晶の夜」事件の翌朝、ユダヤ人弁護士ヴァイスマン（おそらく仮名）が彼女の自宅に飛び込んできたときの様子を生々しく記している。

「わしをかくまってくれ、奴らにおわれているんだ！」と彼はあえぎながら言う。（中略）彼は全身、まるで汚い水たまりの中を転げ回ったような様子をしている。「ほんとうに、いったい何が起こったんです?」「あなたは月にでも住んでいるのかね?」と彼は苦々しく、あざけりの調子で言う。「悪魔がベルリンじゅうを徘徊しているんだ! ユダヤ教会堂は燃えている。ユダヤ人の血がナイフから飛び散る。ナチ突撃隊(SA)が行進して窓ガラスをたたき割っている。(中略)やつらは『ユダヤの豚め! 大量虐殺者どもめ! くたばれ、この腐れ肉め』とわしの後ろからわめきやがった。わしに石を投げ、汚物の固まりを投げやがった」。

(ルート・アンドレーアス=フリードリヒ『ベルリン地下組織——反ナチ地下抵抗運動の記録』若槻敬佐訳)

一方、当時子どもだったエルンスト・ギュンター・フォンタイムは、「水晶の夜」事件の翌朝に学校で起こった出来事を鮮明に覚えている。

十一月十日の朝、ぼくはいつものように学校に行こうとしました。近所のヴェステントにあったユダヤ人の店は一軒残らず破壊されていました。(中略)職員室のドアが開いて、先生方が強張った顔つきで教室に入ってこられました。僕たちの担任のヴォルハイム先生は、教室に入り、ドアを閉めるなりこう仰ったのです。もはや学校は安全な場所ではなくなった。だから直ちに学校を閉鎖する、と。

(ベアーテ・マイヤー他『ナチス期のベルリンにおけるユダヤ人——水晶の夜から解放まで』筆者訳)

「水晶の夜」事件で殺害されたユダヤ人は九十人を超え、ユダヤ教の教会であるシナゴーグから商店、学校、住宅にいたるまで、ユダヤ人の生活にかかわるあらゆる施設が徹底的に破壊された。しかも、警察が逮捕したのは被害者であるはずのユダヤ人たちであった。この事件で三万人のユダヤ人が身柄を拘束された。彼らを収容するために、すでに存在していた三か所の強制収容所――ダッハウ、ブーヘンヴァルト、ザクセンハウゼン――の拡張工事が行われた。身柄の拘束を免れたユダヤ人たちは事件後の瓦礫の清掃を強制され、さらに十億マルクの罰金まで科せられた。

「水晶の夜」事件の二日後には、すべてのユダヤ人の商店と作業所が閉鎖された。次いで十二月三日には、運転免許証と自動車登録証が没収された。ユダヤ人が所有する土地、有価証券、宝飾品は二束三文で強制的に売却させられ、企業の経営権もドイツ人の手に渡った。さらに、ユダヤ人はドイツ人の企業で強制労働に従事させられることになった。「失業した」ユダヤ人の労働力を有効に活用するためである。かくして、一九三八年の末までにはベルリンだけで何百人ものユダヤ人がゴミの収集作業に駆り出された。もっとも、すでに「水晶の夜」事件の以前から、ユダヤ人たちは経済的に逼迫していた。一九三八年夏の時点で、都市に暮らすユダヤ人のうち四人にひとりが公的保護に頼らなければ生活できない状況に陥っていた。ナチスが政権を執って以来、彼らは「ユダヤ人であること」を理由として次々に職場を解雇され、ごく限られた仕事にしか就くことができなくなっていたからである。エヴィアン会議で、各国がユダヤ人のさらなる受け入れを渋った理由のひとつも、実はそこにあった。代表者たちは、無一文のユダヤ人を引き受けることによって自国の社会保障費が圧迫されることを恐れたのである。

ユダヤ盲人たちの生活とユダヤ盲人施設

では障害のあるユダヤ人、とくに盲のユダヤ人たちを待ち受けていた苦難はどのようなものだったのか。

少し古い数字にはなるが、国勢調査によれば一九二五年の時点でドイツにいたユダヤ盲人の数は三百五十六人とされる。これを割合でみると、ドイツに暮らすユダヤ人一万人のうち、六・三人が盲人だった計算になる。そのうち、先天性あるいは幼少期から盲目であった者は十五パーセントほどにすぎず、圧倒的多数は中途失明者であった。

彼らの生活はさまざまだった。職業をもち、自らの収入で生計を立てている者もいれば、盲人施設に保護されている者もいた。結婚して子どものいる者もいれば、独身者もいた。親やきょうだいに扶養されているケースもあった。

ユダヤの盲人たちの自助組織である「ドイツ・ユダヤ盲人自助グループ」の記録によれば、一九三六年頃には彼らはまださまざまな職業に就いていた。シナゴーグの専属オルガニストやピアノ調律師、音楽教師もいれば速記タイピスト、アパートの管理人、セールスマンや小売店主もいた。もちろん、ヴァイトのように箒やブラシ、籐椅子等を手仕事で作る職人もいた。職業をもって自活していた彼らには、「水晶の夜」事件の後、障害のないユダヤ人と同じ運命が待っていた。店を経営していた者はその権利を没収された。オルガニストにはもはや弾くオルガンそのものがなかった。「水晶の夜」事件によって、ドイツ中のシナゴーグが破壊されてしまったからである。

一方、施設で暮らす盲人たちはどうであったか。

今日、ベルリン市シュテグリッツ地区の一角には小さな石碑が建てられている。そこはかつて、ユダヤ盲人のための保護施設があった場所である。盲人施設の存在を今に伝えるその石碑には、次のことばが刻まれている。

2-7　ユダヤ盲人施設の跡地に建てられた記念碑

かつてこの地
シュテグリッツ・ドッペル通り四十一番地には
まるで小さなシナゴーグのような
ユダヤ人のための盲人施設があった
国家社会主義の独裁政治の時代に
それは破壊されてしまった

ドイツ・ユダヤ盲人施設は、一九一〇年にユダヤ人ヴィルヘルム・ノイマンが創設した保護施設である。当初は盲目の子弟にユダヤ教や音楽を教えたり、箒やブラシ製作等の職業訓練を施す場所としても機能していたが、ナチスの時代までには自活が困難な盲人の生活の場となっていた。ドイツに暮らすユダヤ人たちは、社会的に弱い立場にある同胞のために古くから病院や高齢者施設、孤児院、障害児学校等の施設を設立し、自分たちの手で運営してきた。この盲人施設もそのひとつであった。

興味深いのは、この施設はヴァイトが職業訓練を受けたベルリン盲学校から目と鼻の先、歩いてわずか数分の場所にあったことである。確証はないが、ヴァイトが日々ベルリン盲学校に通うなかで、施設で暮らすユダヤの盲人たちを知ったとしても不自然ではない。

2-8　シュテグリッツ地区にあったドイツ・ユダヤ盲人施設

盲人施設で暮らす人びとのなかには高齢者もいれば、ヘレン・ケラーのように視覚と聴覚の両方に障害をもつ盲聾者もいた。彼らはユダヤ教の教えに従って生活し、読書をしたり集会室で談笑したり、ブラシや箒、かご等の製作、編み物の作業などをしながら静かに日々を過ごしていた。前述の「ドイツ・ユダヤ盲人自助グループ」が一九三八年に発行した報告書のなかに、盲人施設の職員か入所者が書いたと思われるこんな文章が残っている。

周囲をいくつもの庭園に囲まれ、街の喧騒から離れた場所。しかも、その賑やかな場所からすぐのところに私たちの盲人施設はあります。

建物は地下室と地上二階でできていて、地下には作業所と倉庫があります。一階には食堂、礼拝室、集会室、事務室、キッチン、洗濯場、そして指導職員たちの居間があります。二階は入所者たちの居間と寝室です。明るく広々とした二十六室の部屋には、一部屋あたりひとりから三人が割り当てられています。そのほかに病人のための部屋もあります。

午前中の軽食の時間は、わくわくした空気に満ちています。家族からの手紙……それはしばしば海を越えてやってきます……が来ているだろうか。誰もが自分の郵便受けを手で探ります。

午後のコーヒータイムの後は、(ユダヤ教の)説教に耳を傾けます。それは、たくさんの喜びと励ましを与えてくれます。

(ドイツ・ユダヤ盲人自助グループ『ユダヤ盲人年報』一九三八/三九年、筆者訳)

2-9 施設内の礼拝室に集う入所者たち。ユダヤ盲人施設

家族からの手紙が「しばしば海を越えてやってきた」のは、家族がナチスの迫害を逃れて海外に移住していたからだろう。実際、盲人施設の入所者のなかには、自分だけがドイツに取

り残された人びとも少なくなかった。それでも、少なくとも一九三八年の半ばまでは、まだ施設にはかろうじて穏やかな日常が残っていたのである。

一九三八年十月一日、ナチスはユダヤ盲人施設に対して、ユダヤ人の販売員を解雇し、以後はドイツ人の訪問販売員を雇えと命令した。それは事実上、施設で作られた製品が今後一切売れなくなることを意味していた。入所者たちの手で作られた製品は、それまでユダヤ人の訪問販売員を通じて各家庭や事業所に販売されていた。おそらく顧客のほとんどはユダヤ人であったろう。すでに指摘したように、盲人作業所や施設で作られた製品を購入する行為には、多くの場合寄附の意味合いが含まれていたからである。

躓きの石

ヴァイトがユダヤの盲人たちを雇ったのは、こうした状況下においてであった。行き場を失ったユダヤ人、そのなかでもとくに弱い立場にある障害者に従業員という社会的立場を保障し、生活に困窮する彼らに賃金を与えることが最大の目的だったと思われる。

初期の従業員のなかに、ユダヤ盲人施設の入所者がいたかどうかははっきりしないが、ベルリン盲学校時代にユダヤ盲人施設の存在を知った彼が、施設の入所者たちを従業員として雇っていたとしても不思議ではない。実際、一九四〇年以降の話ではあるが、作業所の従業員のなかに何人もの盲人施設の入所者がいたことも明らかになっている。

ところで、読者は「躓きの石」を知っているだろうか。今日ドイツの街を歩くと、石畳の道のそこかしこに、銅色をした小さな正方形の金属が埋め込まれていることに気づく。これが「躓きの石」である。

「躓きの石」は、ドイツの芸術家グンター・デムニッヒがナチスの過去を風化させないために、一九九二年に開始したプロジェクトである。「石」とはいっても、実際には真鍮でできた九十六ミリ四方のプレートで、プレートの一枚一枚にユダヤ人をはじめ同性愛者、シンティ・ロマ等、ナチスの迫害によって命を落とした人びとの生の記録が刻まれている。「この地に誰誰が住んでいた」ということばで始まる石の銘には、故人の氏名、生年月日、強制移送された年月日、亡くなった年月日等が記され、たいていの場合、故人が最後に暮らした家の前の道に埋め込まれている。

2-10　ユダヤ盲人施設跡地にある、入所者たちの「躓きの石」

二〇一八年九月、ユダヤ盲人施設の跡地にかつてここで暮らした入所者を悼む「躓きの石」が敷設された。石には次のように刻まれている。

　一九四一年十一月
　ユダヤ盲人施設が閉鎖された。
　入所していた人びとはヴァイセンゼーにあるイスラエル聾唖者施設に移され

そこから強制移送されて殺害された。

ここに敷設されているのは、施設が閉鎖されるまでここで生活していた盲人たちのうち、氏名のわかる者十一人分の躓きの石である。ヴァイトの作業所で働いていたことが把握されている人びとの名前もある。「躓きの石」に刻まれた盲人のひとり、ジークベルト・ゴルトバルト（一八九六－一九四二）は盲聾者であった。彼はユダヤ盲人施設が閉鎖された一九四一年秋にヴァイトの作業所で雇用され、翌一九四二年十二月にアウシュヴィッツに移送されるまでの一年あまりをヴァイトのところで過ごしている。

ヘッセン州生まれのイーダ・ヴォルフ（一八九一－一九四三）も、ヴァイトの作業所の従業員であった。イーダには十一歳年下で、同じく盲人の夫クルト（一九〇二－一九四三）がいた。ヴォルフ夫妻もまた、一九四一年頃から一九四二年十一月にアウシュヴィッツに移送されるまでヴァイトの作業所で働いている。

第二次世界大戦の勃発と「戦争遂行に必要な企業」の認可

一九三九年九月一日早朝、ドイツ軍がポーランドに侵攻する。二日後の九月三日にはイギリスとフランスがドイツに宣戦布告し、第二次世界大戦が勃発した。

ヒトラーが戦争の名目として掲げた「ドイツ国民のための生存圏《レーベンスラウム》の獲得」は、長年敗戦の屈辱と窮乏を味わってきたドイツ国民を狂喜させた。破竹の勢いで進軍するドイツ軍の活躍に、ドイツ国民は自信と誇りを取り戻した。

第二次世界大戦は、ユダヤ人にとってさらなる悪夢の始まりであった。戦争による領土の拡大によって、ドイツは占領先の国にいたユダヤ人をも新たに抱え込むことになった。すでに開戦前年の三月には、ドイツはオーストリアを併合していた。同年九月には、チェコのズデーテン地方も獲得した。ポーランド侵攻から一年足らずで東欧の覇権を手中に収めたことで、ドイツ支配下のユダヤ人の数はさらに膨れ上がった。ポーランド一国だけでも三百万を超えるユダヤ人がいた。彼らを積極的に受け入れる国がない以上、「国外移住」と称して他国に押しつけることすらできず、ナチス統治下のユダヤ人は増え続けていった。かくして、もはやほかに手段のなくなったナチスのユダヤ人政策は、「ユダヤ人隔離居住区（ゲットー）」への移住の強要から収容所移送へと突き進んでいくのである。

一方ヴァイトは、戦争が始まると素早く行動した。

開戦からわずか三週間後、ヴァイトはドイツ手工業者協会にメキシコ製の貴重な天然繊維の生地を贈った。賄賂である。「戦争遂行に必要な企業」として認可を受けるためだった。

戦争は、当然ながらドイツ各地にあった盲人作業所の経営にも大打撃を与えていた。

戦争が始まると、どこの盲人作業所でも原材料の入手が困難になった。作業所の閉鎖や操業時間の短縮に追い込まれる作業所も出た。ヴァイトの作業所でもブラシの材料である馬のたてがみが入手できなくなった。

戦時経済に移行したドイツでは、物資も労働力も、すべて戦争にかかわる事業が最優先であった。それだけに、国家から「戦争遂行に必要な企業」として認可を受ければ、物資も労働力も優先的に提供された。加えて、ヴァイトにとっては表向きナチスと戦争への協力姿勢を示す隠れ蓑としても大いに利用価値があった。

戦争遂行に必要な企業といえば、武器や弾薬を製造する軍需産業が真っ先に思い浮かぶ。ただし実際にはそれだけでなく、かなり幅広い業種が「戦争遂行に必要な企業」として認可されていた。ヘッセン州にあるキルヒハインという小都市でさえ、市内で百か所もの企業や事業所、商店が「戦争遂行に必要な企業」の認可を受けたという。要するに直接的であれ間接的であれ、戦闘行為に役立つと判断されればかなり幅広い業種が対象になったということだろう。

ヴァイトはその後の二か月間に六回も申請書を提出し、早く認可を出せと迫った。だが、いっこうに埒があかなかった。ドイツ手工業者協会は、ベルリン市内の肉屋や煙草工場、煙草屋、病院にはいち早く認可を出していたが、盲人たちが手作業で細々と作る箒やブラシが「戦争の遂行にとって重要」だとは理解できなかったらしい。

業を煮やしたヴァイトは、経済相ヴァルター・フンクにあてて直接請願書を送るという手段に出た。彼は戦争が始まって以来材料が入手できず、ひどい目に遭っていると苦情を申し立てた。経済省が彼の訴えを認めた真意は不明だが、一九四〇年四月、ヴァイトは「戦争遂行に必要な企業」としての認可を勝ち取っている。

2. ナチス政策と「分類」された障害者

「分類」された障害者

ヴァイトは、自分が経営する作業所に従業員として雇うことで、苦境にあるユダヤ人たちを救おうとした。しかも、その多くはユダヤ人のなかでもさらに弱い立場にある障害者たちだった。だが、ユダヤ人の救援に奔走したヴァイトは、自身もまた障害をもつ身であった。障害者であるヴァイトは、ナチス期のドイツ社会でどのような立場に置かれていたのか。さらに、ヴァイトが救おうとした人びと、すなわちユダヤ人であり、障害者でもあった人びとはどのような状況にあったのか。

ナチス期のドイツが障害者にとってもきわめて過酷な社会であったことはよく知られている。イギリスの遺伝学者フランシス・ゴルトンが提唱した優生学は、十九世紀末から二十世紀前半の欧米諸国を席巻した。各国は人種衛生や社会防衛の手段として障害者の婚姻制限、施設隔離、断種政策等を競うように推進したが、その優生学がひときわ隆盛を極めた国こそ、アメリカとナチス・ドイツであった。「人種衛生学」「社会衛生学」の名のもとで、障害者は人種を劣化させ、社会に重荷を強いる存在とみなされ、多数の人びとが安楽死や人体実験、強制断種の犠牲となった。

もっとも、障害者を殺害する、あるいは生殖機能を奪うという発想そのものは、すでにワイマール共和国の時代から繰り返し議論されてきた。重度障害者に対する安楽死の解禁に言及した法学者・哲学者カール・ビンディングと医師アルフレート・ホッヘによる著書『生きるに値しない命を終わらせ

2-11　ナチ党党大会で、車椅子の傷痍軍人たちを前に演説するヒトラー

る行為の解禁』（一九二〇年刊行）が、ナチスの安楽死計画に多大な影響を与えたことは、有名な事実である。重度の精神障害者や知的障害者は「生きるに値しない命」であり、彼らの存在は彼ら自身にとっても家族にとっても、さらに社会にとっても重荷でしかない。死によってその苦痛と悲惨さから解放してやることは理にかなった手段であるとしたビンディングらの主張は、「人種の浄化」を強行しようとするナチスにとって都合のよい殺害の口実となった。

一九三三年七月十四日、ナチスは「遺伝性疾患子孫防止法」を成立させ、障害者の強制断種を合法化した。一九三九年八月には、障害者安楽死政策を秘密裡に発動した。本部がベルリン市ティアガルテン四番地に置かれたことから「T4作戦」と呼ばれたこの作戦によって、精神障害者、知的障害者、てんかん患者をはじめとする障害者たちが大量殺戮の犠牲となった。ヒトラー政権の終焉までに二十七万人を超える障害者が殺害され、三十万とも四十万ともいわれる障害者たちが生殖機能を奪われた。

その一方で、ナチスはあらゆる障害者を同列に殺害や断種の対象とみなしたのではなかった。ナチスは障害者を事実上三つのグループに分断し、それぞれのグループに対してまったく異なる対応をとったのである。

「国家の英雄」としての傷痍軍人

第一のグループに位置づけられたのは、第一次世界大戦で負傷した傷痍軍人である。彼らは「国家の英雄」として称揚され、名誉とともに年金を含むさまざまな厚遇が与えられた。従軍の際の後遺症で失明したとみられるヴァイトもいわばこのグループに属する存在であった。もっともヴァイトの場合、極左の運動家であった過去はゲシュタポにも把握されていたから、建前上は「英雄」でも、常に国家的監視の対象であった。

2-12 「偉大なる犠牲者」ドイツ歴史博物館蔵

今日、ベルリン市中心部にあるドイツ歴史博物館を訪れれば、ナチス期の傷痍軍人の姿を描いた一枚の絵を見ることができる。民衆の日常生活や飲食店の宣伝用ポスター等を数多く描いたことで知られるオーストリア出身の画家アドルフ・ライヒの作品「偉大なる犠牲者」である。まだあどけなさの残る二人のヒトラー・ユーゲントの少年がミュンヘンの街頭に立ち、道行く人に冬季貧民救援活動の募金を呼びかけている。呼びかけに応えて募金に協力しようとする女性の視線の先にいるのは、戦場で片脚を失った傷痍軍人である。さらに絵の右端に目を転じれば、おそらく戦場で夫を亡くしたのであろう、喪服姿の若い女性が乳母車を押しながら歩いている。この絵は一九四三年初頭、スターリングラードでの戦局が絶望的になったさなかに発表された。傷痍軍人や戦争未亡人が国家防衛の象徴として描かれたこの作品は、ドイツ国民にいっそうの犠牲と忍耐を求める目的で絵はがきにもなった。実際、この作品には当初、展示に際してヒトラーのこんな銘文が添えられる予定だったという。

与えるべきかどうかを迷う者は、後ろを振り返って見るがよい。はるかに多くの犠牲を捧げた者の姿が目に映るだろう。

政策の両輪——人種政策と経済再建

第二のグループに位置づけられたのは、労働能力があると判断されたドイツ人障害者だった。そのなかには、病気や事故で障害を負った者や先天性の視覚障害者、聴覚障害者、比較的軽度の知的障害者などが含まれていた。彼らのなかで遺伝性の疾患や障害が疑われる者は断種政策の対象となり、手術によって生殖能力を奪われた。

それでも、働くことのできるドイツ人障害者は少なくとも建前上は「偉大なるアーリア人種」のひとりとして扱われた。障害者を含むドイツ国民全体の結束をはかるためだった。

「人種政策」と「経済再建」は、どちらも政策の最重要課題であり、その意味で両者はナチスにとってまさに車の両輪のようなものだった。つまり、遺伝性疾患が疑われる障害者は「人種の浄化」という点では好ましくない存在だが、労働者として貢献できるならば、国家経済を支える人材としては重要な一員とみなされたのである。

ナチスが障害者の問題をいかに経済効率と結びつけて考えていたか、あるいは経済問題と意図的に結びつけることによって、障害者政策を正当づけようとしたかは、当時の学校教育にも明確に見てとれる。たとえば、ナチス期の数学の教科書には、こんな問題が掲載されている。

「もし、精神疾患者収容施設の建設費が六百万マルクで、公営住宅一戸の建設費が一万五千マルクだった場合、施設をひとつ建設する費用で住宅が何戸建設できますか」

「肢体不自由者、犯罪者、精神疾患者のために国家が支出している金額で、何組のカップルに結婚ローンを貸与できますか」

さらに、一見矛盾にも思えるが、実はナチス期は障害児教育の分野で大きな発展がみられた時期でもあった。一九三八年には「ドイツ就学義務法」が制定され、各種の障害児学校は国民学校と同等の地位をもつ義務教育学校として認められるようになった。この法律によって、それまで障害を理由として学校教育から排除されてきた多くの子どもたちが学校教育の機会を与えられた。ナチスは多数の重度障害者を殺害する一方で、将来、国家の労働力として活用できると考えた子どもたちに対しては、一定の配慮をしたのである。

要するに、ナチス期のドイツで障害のある人びとの生と死を分ける境界線は、労働能力があるかどうかという一点に集約されていた。このことは、ユダヤ人の障害者にさえ当てはまる。盲のユダヤ人たちがヴァイトの作業所で働き始めた頃、ポーランドではすでに一万から一万五千人のユダヤ人障害者が殺害されていた。後にアウシュヴィッツ等の絶滅収容所で使用されることになる一酸化炭素ガスによる大量殺戮の実験であった。

ヴァイト作業所の従業員だった盲のユダヤ人たちも、最終的にはほとんどが収容所に移送され、そこで絶命した。だがそれは、彼らが障害者だからではなく、ユダヤ人だからであった。彼らは障害のない多数のユダヤ人たちと同じように移送されたのである。

こうした価値基準のもとで第三のグループに位置づけられたのは、重度の精神障害者や知的障害者など、労働能力がないとみなされた人びとであった。彼らは「生きるに値しない」命とみなされ、安楽死や人体実験の犠牲となったのである。

ナチス市民としてのドイツ人障害者

このように、ナチスは重度障害者を殺害する一方で、労働力として期待できるドイツ人障害者を「民族共同体」の一員として扱い、国民国家ドイツの結束の強化に利用した。では、こうした状況のなかで、「国家にとって有用」とみなされたドイツ人障害者たちはいかに行動したのか。

一九三〇年代のドイツには、障害児学校の教員や施設職員、研究者、障害当事者などを中心メンバーとする各種の障害者組織が存在し、障害者の生活改善や社会的地位の向上を求めて活動を展開していた。ヒトラーが政権の座に就くと、それらの組織はドイツ国内のあらゆる組織と同様にナチスの統制下に置かれた。ユダヤ人や共産党支持者、政権に批判的な者は障害者組織から追放され、代わってナチ党員やナチスの支持者が各障害者組織の代表者となった。

程度の差こそあれ、どの国でも、あるいはいつの時代にも障害者は社会からの排除や差別に直面し続けてきたのが現実であろう。だからこそ、障害者同士の緊密な協力関係は生きていくために必須であった。障害者組織に象徴される「障害者コミュニティ」は、障害者が互いを守り、支え合ううえで重要な意味をもっていたのである。

ヒトラーの台頭によって、ユダヤ人障害者は二重の排斥に直面することとなった。彼らは「ユダヤ人であるがゆえに」ドイツ社会から排除され、さらに「ユダヤ人障害者であるがゆえに」同じ障害をもつ者同士の障害者コミュニティからも追放されたからである。

他方で、ドイツ人障害者たちにとっては、自らの労働能力の高さを示すことが国家への貢献に直結する重要な要素となった。各障害者組織は、障害者がいかに高い労働能力をもっているか、いかに国家に貢献できる存在かを競った。

肢体不自由者の組織である「ドイツ身体障害者連盟」は、「障害は不利益ではない！」をスローガンに掲げ、組織が発行する雑誌『身体障害者』の誌面を通じて、肢体不自由者の身体能力や労働力の高さを繰り返し強調した。雑誌には靴職人や仕立業、工場労働者、技術者等さまざまな職種で活躍する肢体不自由者の姿が紹介された。ベルリン・オリンピックが開催された一九三六年には、左脚を切断した男性が棒高跳びに挑む姿が同誌の表紙を飾った。ナチスは、強靭な身体をもつ国民を育成するため、青少年に対して学問よりもスポーツを重視した。学問は軟弱な人間を作るだけで、国家を守る

2-13　雑誌『身体障害者』の表紙に掲載された、棒高跳びに挑む肢体不自由の青年　1936年

兵士としては役立たないと考えたからである。ヒトラーが青少年に向かって「グレイハウンド犬のように俊敏で、革のように強く、クルップ社の鋼のように頑丈であれ」と呼びかけたことはよく知られている。加えてナチスは、ユダヤ人やシンティ・ロマといった非アーリア人に対するドイツ民族の優越性を象徴するものとして、ブロンドの髪と碧眼をもつアーリア系スポーツ選手をアーリア人の典型だと強調した。それだけに、障害者にとってもスポーツによって鍛えられた身体を誇ることは、アーリア人の一員であることを示す貴重な手段であった。

障害児のヒトラー・ユーゲント

国家に貢献できる障害者というアピールの努力は青少年にも及んだ。

ヒトラーは、ナチスに忠誠を誓う次世代を育てるため、全国に「ヒトラー・ユーゲント」を組織した。ヒトラー・ユーゲント（女子のグループは「ドイツ少女団」と呼ばれた）では、集団活動を通じて祖国愛、身体の鍛錬、準軍事訓練が徹底的に叩き込まれた。

一九三六年十二月、「ヒトラー・ユーゲント法」が成立すると、ヒトラー・ユーゲントは国家で唯一の青少年組織となり、十歳から十八歳（女子の場合は十歳から二十一歳）の青少年全員の加入が義務づけられた。

ナチスにとって、青少年の洗脳は国家の安定を維持するために不可欠であった。その方策はむろん学校教育にも及んでいた。政権を掌握した一九三三年には、学校で遺伝学や人種学等を指導すべきことが布告された。ユダヤ人がいかに劣った人種であるかを「学術的に」教えるためである。実際、ある年のギムナジウムの卒業試験（アビトゥーア）には、ユダヤ人がいかに非モラル、非倫理で有害な人種かを答えさせる問題が出題されている。

ヒトラー・ユーゲントは、青少年の心を親や教師、教会の牧師といった「老害」から引き離し、ナチスのみに服従する人間へと仕立て上げる効率的な装置であった。一九三三年九月一日、ナチスが「勝利の大会」と銘打って開催した政権獲得後初めての党大会には、全国から三万人ほどの青少年がヒトラー・ユーゲントの代表として参加し、感激に顔を紅潮させてヒトラーの前を行進した。

では、障害児の場合はどうだったか。

ヒトラー・ユーゲントの最大目的は、ナチスに忠実な兵士の育成にあった。将来兵役に就くことのできない障害児など、ナチスからみればそもそも問題外であった。

そこで、各種の障害児学校はヒトラー・ユーゲントに代わる組織を結成した。要するにヒトラー・ユーゲントの障害児版である。この組織は障害種別に結成され、それぞれ盲（Blind）、聾（Gehölose）、肢体不自由（Körperbehinderte）の意味を表すドイツ語の頭文字をとって「B連隊」「G連隊」「K連隊」

と名づけられた。興味深いのは、ヒトラー・ユーゲントへの加入が義務化されるよりも先に、すでに障害児学校では「連隊」を結成していたことである。視覚障害の場合、全国の盲学校に対して「連隊」の結成を先導したのは、熱烈なナチ党員だったハレ盲学校校長のエドゥアルト・ベヒトルトであった。なかでもベルリン盲学校では、ヒトラーの政権掌握からわずか一か月後には校内に「連隊」を結成し、生徒たちを加入させてナチスへの忠誠をアピールした。

「連隊」への参加は障害児に、自分たちも同年代の少年少女と同じように国家を支える一員なのだという誇りをもたらした。もっとも、障害児たちの「連隊」が、ヒトラー・ユーゲントと同等の存在として認められたかといえば、残念ながらそうではなかった。実際のところ、「連隊」の存在そのものさえ、関係者以外にはほとんど知る者もいなかった。

それでも、一九三七年十月に発行された雑誌『ヒトラー・ユーゲント』には、B連隊を紹介するこんな記事が掲載されている。

盲の青少年たち。彼らがヒトラー・ユーゲントでどんなことをしているのか、君たちはきっと不思議に思うだろう。君たちのほとんどはB連隊の存在さえ知らないだろう。だからまず、最初に説明しておきたい。盲の青少年たちが活動するヒトラー・ユーゲントは君たち、つまり目の見える諸君とまったく同じ義務を果たしているのだ。それはスポーツであり、奉仕活動であり、夕べの集いであり、あるいは音楽活動などだ。

（ヴォルフガンク・ドラーフェ他『ドイツ盲教育史二百年』筆者訳）

肢体不自由児の連隊であるK連隊もまた、ナチ党員の手によって結成されている。K連隊を結成したのは、ドイツ身体障害者スポーツ連盟会長のゼップ・ヘルトだった。

K連隊は、しかしすべての肢体不自由児を受け入れたわけではなかった。K連隊に加入できるのは「遺伝的に健康であること」、つまり遺伝による障害ではなく、しかもわずかな手助けがあれば支障なく生活できる能力がある場合に限られていた。当時、この条件を満たす肢体不自由児は、ドイツ全土に七万五千人ほどいたが、実際にK連隊に加入したのは、そのうちごく一部にとどまったようである。

2-14　ナチス式の敬礼をする盲学校の生徒たち

ともあれ、たとえ正規のヒトラー・ユーゲントではなくとも、障害児の連隊が「障害児のヒトラー・ユーゲント」であると自負する以上、そこで活動する障害児はドイツの発展に貢献できる「健康なアーリア人」でなくてはならなかった。つまり連隊への加入を許されることは、障害児たちにとって自分が「選ばれた、健康な」障害児だという証でもあった。一方で、重度障害や遺伝性の障害をもつ子どもたちは、成人障害者の場合と同様に国家の重荷とみなされたのである。

では、肢体不自由の子どもたちは、連隊でどのような活動を行っていたのか。K連隊の指導者ヘルトは、こんなことばで連隊の青少年たちを鼓舞している。

君たち、親愛なる少年たちよ。諸君は世間の人びとが呼ぶような「障害児」などではない。自らの行動を貫きとおせるかどうか。それはひとえにヒトラー・ユーゲントに熱心に参加するかどうかにかかっているのだ。諸君、ただひたすら勤勉であれ。

（キャロル・プーア『二十世紀ドイツ文化のなかの障害』筆者訳）

K連隊もまた、遠足、キャンプ、長距離のサイクリング、作業、歌唱からナチス思想の教化にいたるまで、いかに正規のヒトラー・ユーゲントと同等の活動を行うかに努力を傾けた。車椅子の子どもも多少はいたが、ほとんどが一見障害児とはわからないほどの軽度障害であった。だが、関係者のこうした努力とは裏腹に、実際にはK連隊もまた、正規のヒトラー・ユーゲントと同等の扱いを受けることはなかった。K連隊の肢体不自由児たちは、ヒトラー・ユーゲントの承認がなければ、公的な場でユーゲントの制服を着用することさえ許されなかった。「健康で、力強い」ヒトラー・ユーゲントのイメージを崩さないためであった。

反ナチの障害者

ナチス期のドイツで、障害者はたとえ生命を絶たれなくとも厳しい立場に置かれていた。彼らが生き永らえることができたのは、アーリア人種の血統を汚さず、しかも労働者として国家に貢献できる場合に限られていたからである。そのうえ、兵士になれない彼らは国家への貢献という点でも最初から二等の扱いであった。だからこそ障害者たちは、率先してナチスに恭順を示し、自らの知性や高い身体能力を競ってアピールし続けた。それは、「連隊」の子どもたちも同じであった。

ドイツ人障害者のなかには、生き延びるためにやむを得ずナチスに従った者もいれば、熱烈なヒトラーの信奉者もいた。しかし、すべての障害者がナチスに従順だったわけではない。少数ではあったが、ヴァイトのように反ナチの意思を態度や行動として示した者もいた。

障害者によるナチス批判は、しばしばドイツ人障害者に対する断種政策に向けられた。ハイデルベルク大学で博士号を取得した盲の法学者ルドルフ・クレマーも、そうしたひとりである。断種政策を障害者に対する人権蹂躙と受け止めた彼らは、たとえ自身が断種手術の対象でなくとも、同じ障害をもつ同胞のために声をあげた。

反ナチの障害者のなかには、共産党や社民党（ドイツ社会民主党）の支持者も多かった。彼らは政権の転覆や革命の実現を夢想する一方で、障害のために現実の行動を制約されているわが身をもどかしく感じていた。強制移送を逃れるため二年半もの間、妻とともにベルリンで潜伏生活を送ったユダヤ人男性ベルト・レヴィンは、戦後自らの潜伏生活を記した著書『ナチスのベルリンに逃れて』のなかで、自分を匿ってくれた人物のなかにパウル・リヒターと名乗る盲人男性がいたと記している。リヒターは筋金入りの共産党員で、レギーナという名の妻がいた。レギーナもまた盲人であった。

「ソ連抜きでは、たとえ強大なアメリカだってドイツに勝てっこない。この戦争で決定的な鍵を握っているのはソ連だ。この戦争によってソ連は支配的な立場になり、世界を導く国になるんだ」

リヒターはレヴィンの前でしばしばソ連への賛辞を熱く語ったという。あるときレヴィンはリヒターにこう尋ねた。ソ連に行き、あなたが同志と呼ぶ人びとと活動を共にしたいとは思わないのか、と。

「馬鹿か！」リヒターは激高した。「俺は盲人なんだぞ。動き回ることだけだって大変なのに、そんなことできるわけがないだろう。俺たちがすべきことは、ただこの場所で革命を成し遂げることだけだ」

リヒターとレギーナは、一時的にではあったがレヴィンとその妻を匿い、ふたりをゲシュタポの追跡から守った。それは彼らにとって、自分たちがなし得る最大限の反ナチの行動であった。

ユダヤ人障害者の救援の努力

ユダヤ人障害者たちはユダヤ人としての迫害に加え、障害者としての差別にさらされた。さらに障害者組織から追放された彼らは、次第に孤立無援の状態に追いやられていった。ユダヤ人のなかでも、もっとも弱い立場に置かれた彼らは、障害者同士互いに手を携えて生き延びようともがいた。彼らは自分たちで独自の組織を結成し、必要な情報を伝え合い、励まし合った。

しかしだからといって、ユダヤ人障害者は決してあらゆる人びとから見放されていたわけではない。彼らを救おうとする努力は、ドイツの国内外にあった。ナチスが政権を握ると、各種のユダヤ人障害者施設や学校では、「不幸で、無力な」収容者たちをなんとかして国外に逃がそうと奔走した。これについて、たとえばアメリカに住む著名な盲聾者ヘレン・ケラーのもとには、ドイツ国内の障害者施設から「助けてほしい」という趣旨の手紙が山のように届いたという。ケラーは一九三八年、ニューヨーク・タイムズに手紙を送り、ヨーロッパにいるユダヤ人障害者の窮状を記事にしてほしいと訴えた。

不幸にして、あなたもおわかりなように、これら二重に苦しんでいる人びとを、他の国々が欠陥者として市民権を認めようとしない事実からして、個人的に支援することは不可能です。しかし、私たちがこの問題に望みをもってアプローチする方法はないのでしょうか？ なぜ私たちは、オーストリアやドイツにいるユダヤの盲人……聾者も同じですが……たちに、集団的活動を通じて、より人道的な雰囲気を作り上げる公立、私立のいくつかの機関を設けることができないのでしょうか？ 彼らが私に送ってきたいくつもの手紙は……そうです、それほどたくさんの手紙を受け取っています！……盲聾である女性詩人からのものも一通含まれていますが、それらはアメリカの善意と助言への共感的信頼に満ち溢れているものです。彼らは何らの手段もなく、どのようなコースをたどったらよいのかわからないけれど、ひとたびアメリカが彼らの過酷な窮状を知ったなら、力を貸してくれるであろう、と申しております。私は、彼らのことをニューヨーク・タイムズが取り上げてくれるであろうことを希望いたします。

（キム・E・ニールセン『ヘレン・ケラーの急進的な生活──「奇跡の人」神話と社会主義運動』中野善達訳）

結局ニューヨーク・タイムズがこの問題を取り上げることはなかった。ケラーも指摘するとおり、ユダヤ人障害者の入国を歓迎しない現実は、アメリカに限らずどの国でも似たようなものであった。もっともアメリカの場合、入国を歓迎されないのは障害児だけではなかった。ケラーがニューヨーク・タイムズに必死で働きかけていたちょうどその頃、アメリカでは、ドイツに住むユダヤ人の子どもたちを救おうという別の活動も行われていた。ニューヨーク州選出の上院議員ロバート・ワーグナーとマサチューセッツ州選出の下院議員イーディス・ロジャーズは、ドイツにいる十四歳以下のユダヤの子どもたち二万人をアメリカに受け入れ、民間レベルで支援しようと考えた。一九三九年二月、ふたりはこの法案を議会に提案した。政府がドイツからのユダヤ人の受け入れを拒むなら、せめて民間の努力で子どもたちだけでも救おうとする人道的な努力であった。

だが、ふたりの計画は日の目を見なかった。ある議員は、よその国の子どもより自国の子どものことを考えるべきだと主張した。ユダヤ人優遇法案だと批判する者もいた。法案は議員たちの強硬な反対に遭い、結局議論の機会さえ与えられずに却下されたのである。

ケラーの活動に話を戻そう。

残念ながら、ケラーの訴えがアメリカ国民の耳に届くことはなかった。しかし、彼女がニューヨーク・タイムズに宛てた手紙は、ユダヤ人障害者たちもまた、完全に孤独ではなかったこと、少なくとも彼らの身を案じ、彼らを守ろうとした人間がいたことの証なのである。この世の誰ひとり、案じてくれる者のないことこそ人間にとって最大の不幸だとすれば、ケラーとユダヤ人障害者との間に存在した見えない絆は、ユダヤ人障害者たちにとって漆黒の闇に射すささやかな光だったといえるかもしれない。

ケラーは前述の手紙のなかでこう記している。

別の日に、私は、意識の中に入り込む集中砲火のような、燃え上がっている一通の手紙を受け取りました。それには、盲であることよりももっと悪い、名状しがたいありさまをもたらした現在の危機的状況、ナチ支配者たちの下で身を守るすべのない障害をもった仲間たちへの非人道的行為によって胸ふさがれた沈黙、といったものが記されていました。

（同書）

手紙のなかで、アメリカ人であるケラーは、海を隔てたドイツに住むユダヤ人障害者のことを「同じ障害をもつ仲間」と表現した。人種や国の違いを超えて、彼女は「障害」という共通性のゆえに彼らを仲間と呼んだのである。

実際に、ドイツのユダヤ人障害者や施設関係者が救いを求めた相手は、国外の障害者施設やその関係者が多かった。ナチスの台頭によって、ドイツ国内の障害者コミュニティからは追放されても、国外には同じ障害をもつ「同胞」としてユダヤ人障害者に同情を寄せる人びとや組織が存在していたのである。

ユダヤ人障害者の国外移住の努力は、結局ほとんどが不首尾に終わった。そのなかで、ベルリン市ヴァイセンゼーのイスラエル聾唖学校（聾唖者の成人施設を兼ねる）は、国外移住によって生徒の命を救うことのできた数少ない成功事例である。同校校長のフェリックス・ライヒは第二次世界大戦開戦直前の一九三九年七月、二歳から十一歳の生徒たち十人を連れてロンドンに渡った。このとき聾唖学校にはもっと年長の生徒も大勢いたが、イギリス政府が入国を許可したのは、同年三月の時点で十歳以下の子どもだけであった。

自らもユダヤ人であったライヒは、ほかの多くのユダヤ人たちと同じように、もともとナチス政権が成立した当初は、状況をそれほど悲劇的に捉えてはいなかった。同校の創設者だった父の跡を継ぎ、校長となった彼は、長年、ドイツの聾教育界を牽引してきた著名人だった。ドイツ聾教育者協会でも、彼は要職にあった。そんな彼にとって、ドイツやドイツの聾教育界を捨てるなど考えられないことだったのである。

2-15　年少の生徒たちに口話の指導をするフェリックス・ライヒ　1935年

ナチス政権が成立するとすぐに、彼はユダヤ人であるという理由でドイツ聾教育者協会を追われたが、それでもなお、彼はドイツでの生活に希望を見いだそうとしていた。一九三四年末のハヌカの祭り（ユダヤ教の祝祭）の折にも、彼は生徒たちに向かって「私たちは祖国にとどまりたい。とどまらなくてはいけないのだ」と呼びかけている。ライヒは祖国をもたず、世界中で迫害を受けながらもこれまで滅亡することなく続いてきたユダヤ人の歴史を語り、強い精神と信仰の力によって困難を乗り越えようと語った。

ライヒが認識を変えたのは、一九三八年十一月の「水晶の夜」事件によってであった。事件後、ライヒは逮捕され、ザクセンハウゼンの強制収容所に一か月間収監された。ようやく釈放されたとき、頭髪を剃られ、よたよたとふらつく姿で現れたライヒの姿を見て生徒も職員たちもことばを失った。「水晶の夜」事件で逮捕されたユダヤ人が釈放される条件は、ドイツを去ることであった。ライヒもまた、ドイツではもはや生きられないことを厳然と悟った。彼は生徒を連れてイギリスに逃れることを決意する。子どもたちの受け入れ先が見つかったのは幸運であった。ロンドンにある寄宿制のユダヤ人聾唖学校である。ロンドンの聾唖学校関係者たちは、国は違っても同じユダヤ人同胞であり、しかも同じ障害をもつ仲間の窮状に手を差し伸べようとしたのである。イギリスに渡ってからも、ライヒは聾唖学校に残された年長の生徒や教職員を救おうと努力を続けた。イギリス教育省から、残りの生徒や教職員もイギリスに連れてくる許可を得ていたという報告もある。だが、間もなく第二次世界大戦が勃発し、彼の願いは潰えた。

イスラエル聾唖学校に残っていた生徒や教職員は、終戦までにほとんどが強制移送され、収容所で絶命した。だが、ロンドンに渡った十人の子どもたちは生きてイギリスの地で終戦を迎えた。

かつて同校があった建物には今日、死んでいった生徒や職員たちを悼む石碑がある。そこには次のような銘文が刻まれている。

「汝は唖者たちのために口を開け」
箴言三十一章八節

一八九〇年から一九四二年まで、この建物には「イスラエル聾唖者施設　ベルリン＝ヴァイセンゼー」が置かれていた。

ここで生活していたユダヤ人の子どもや成人たちは一九四二年、国家社会主義のもとで絶滅収容所に移送された。
死んでいった人びとに追悼を
生くる者たちには戒めを

2-16　かつてイスラエル聾啞者施設があった建物。現在も学校として使われている

2-17　「汝は啞者のために口を開け」と銘文が刻まれた石碑

第三章　ユダヤ人は強制労働に従事せよ

1. 救援の舞台ハッケシャー・マルクト

ユダヤ人の迫害――剝奪から隔離へ

「戦争遂行に必要な企業」の認可を勝ち取ったヴァイトは一九四〇年の夏、ベルリン市中心部のハッケシャー・マルクトに作業所を移転する。事業拡大のためであった。

その頃、ドイツ戦線は拡大の途にあった。一九四〇年四月にはデンマークとノルウェーに、翌五月にはルクセンブルクとオランダに侵攻した。さらに六月にはパリを陥落させ、フランスを占領した。ドイツ国民が戦勝に沸く一方で、ユダヤ人に対するナチスの政策は、地位や財産を奪う剝奪の段階から、次第にユダヤ人を一か所に集めて監視する「隔離」の段階へと移行しつつあった。一九四〇年四月には、ヒトラーの側近ハインリヒ・ルイポルト・ヒムラーの命令により、ポーランドのアウシュヴィッツで大規模な強制収容所の建設が始まった。一方で、ユダヤ人の隔離居住区であるゲットーの建設も本格化していく。一九三九年十月には、ワルシャワから一二〇キロほど離れたピョートルクフ・トルィブナルスキに最初のユダヤ人ゲットーが置かれた。のちにヴァイト盲人作業所の従業員たちが移送されるチェコのテレジエンシュタット・ゲットーも、一九四一年十月には建設されている。

ドイツに暮らすユダヤ人たちの日常もさらに追い詰められていった。一九三九年九月には、夜間二十時（夏季は二十一時）以降の外出を禁止された。ラジオの所有も禁じられた。一九四〇年になると電話の所有も禁じられ、ベルリンでは午後四時から五時までのたった一時間しか、食料品の購入が認められなくなった。

事業の拡大

戦線の拡大は、「戦争遂行に必要な企業」の認可を得ているヴァイトにとって、盲人作業所の事業を拡張するうえでは好都合だった。

一九四〇年十月、全国の盲人作業所と盲の職人たちの組合であるドイツ盲人手工業者連盟に、国防軍から最初の注文が入った。ブラシと箒を大量に納入せよとの指示である。それまで細々と箒やブラシを製作してきた盲の職人たちにとって、経験したこともない大口の仕事であった。しかも、国防軍からの注文は、戦地に行かれない障害者にとって国家への忠誠と貢献をアピールできる絶好の機会である。各地の盲人作業所は沸き立った。ヴァイトももちろん、この好機を逃すはずはなかった。たまたま数か月前に、手狭なクロイツベルクの物件から広いハッケシャー・マルクトに作業所を移転していたことも、彼にとって幸いだった。明確な記録は残っていないが、彼が連盟を通じて国防軍に箒とブラシを納めたことは間違いない。ヴァイトは以後もドイツ盲人手工業者連盟を介して国防軍の注文を受注するが、それだけでは満足しなかった。ヴァイトは、次第に連盟を介さず国防軍から直接注文を受ける機会を探っていくようになる。

ともかく、大量の注文を受けるためには人手の確保が必須であった。大量といっても、少人数の職人が手作業で仕事をこなす盲人作業所で請け負うことのできる量は限られていたが、先方が指示する納期に応じていつでも製品を納められる体制を整えておく必要はあった。

ハッケシャー・マルクトに移転した当時、ヴァイトの作業所にいた従業員は七〜十人程度だったと思われる。そのなかには、前章で触れた盲のユダヤ人たちや、ベルリン市立盲人作業所から来た盲のドイツ人も含まれていた。

ブラシ職人養成コースの開設

ヴァイトはさっそく、新たに盲のユダヤ人を従業員として雇った。だが、それだけではなかった。一九四〇年の九月頃、彼は「ユダヤ人中央管理局」の認可を得て、ユダヤ人をブラシ職人として養成するための訓練コースを作業所内に設置したのである。ユダヤ人中央管理局は、「水晶の夜」事件の直後にブランデンブルク州労働局の指示で新設されたもので、以後、ベルリンに暮らすユダヤ人の労働については、すべてこのユダヤ人中央管理局が取り仕切っていた。

ヴァイトは何のために訓練コースを設置したのか。もちろん、従業員の安定的な確保という理由もあっただろう。だが、もし従業員の確保だけが目的であれば、わざわざ初心者を、しかもユダヤ人に限定して募集する必要はない。かつてのヴァイトがそうであったように、ベルリンにはすでに盲学校や盲人施設で箒やブラシ作りを学んだドイツ人たちが大勢いたからである。働き手を確保するためであるなら、そうした人びとを雇用するほうが間違いなく早道だし効率的である。そう考えれば、訓練コースはひとりでも多くのユダヤの盲人を、それも、他の工場や盲人作業所等では引き取り手がないような人びとを自身の作業所に迎え入れるための口実だったことは間違いない。このことは、実際に訓練コースの訓練生となったユダヤ人の履歴をみれば明らかである。

では、訓練コースに受け入れられたユダヤ人たちはどのような人びとだったのか。

全盲のジモン・ヴァイス（一九〇〇－一九七七）は四十歳であった。もとは商業学校の出身でドイツ銀行に勤めていたが、二十一歳のとき緑内障が原因で失明し、銀行を首になっている。その後は数年間、ベルリン市シュテグリッツ地区のドイツ・ユダヤ盲人施設で音楽を学んだ形跡があるものの、どこでどのように生計を立てていたかはわからない。彼には、非ユダヤ人の妻アンナと二人の子どもがいた。

五十一歳のエリッヒ・マグヌス・フライ（一八八九－一九四四　アウシュヴィッツで殺害）もまた、もとは裕福な銀行員であった。ゴルトシュミット・ロスチャイルド銀行に勤めていた彼は、二十七歳のときユダヤ人の妻エルスベートと結婚し、二人の娘にも恵まれた。だが、一九三五年にはユダヤ人であることを理由に退職に追い込まれている。さらに、退職後目を患い、一九三〇年代末までにはほとんど全盲に近い状態になっていた。

3-1　娘たちがまだ幼い頃のフライ一家

二十一歳と十七歳になる二人の娘たちは第二次世界大戦開戦の直前、ナチスの迫害を逃れてそれぞれイギリスとパレスチナに亡命した。フライと妻も次女と共にパレスチナに逃れる計画だったが、パレスチナ政府は目の障害を理由にフライの入国申請を拒否した。一家は散り散りになり、フライと妻だけがドイツに取り残された。こうして行き場を失ったフライが救いを求めてたどり着いた場所こそ、ヴァイトの作業所であった。

ロータ－・ブリーガー（第一章を参照）は、失明したときすでに五十六歳になっていた。原因は病院での手術ミスである。彼がヴァイトの養成コースに来たのは、それから二年後であった。とはいえ、高齢になってから失明した彼にとって、盲人として生活するために必要な能力を修得するのは困難だった。これは想像だが、おそらく日々の生活を送るだけでも人の手助けが必要だったろう。彼には子どもはいなかったが、非ユダヤ人の妻エラがいた。ともあれ、彼がブラシ職人としてどの程度の水準にあったかは疑問である。

要するに、彼らは盲のユダヤ人のなかでも際立って弱く、困難な立場に置かれた人びとだった。そしてそれこそが、ヴァイトが彼らを受け入れた理由だったのである。

ヴァイトの作業所に雇われていた盲のユダヤ人たちについては、ジークベルト・レヴィン（第一章参照）ら生き延びた従業員によるこんな証言がある。

「私たちのところに雇われていたユダヤ人は、その多くが地方裁判所の所長や医師、弁護士、作家、作曲家などもともとほかの職業に就いていた人びとでした。そのため、労働者としての彼らは頼りない、きわめて微力な存在でした。皆はヴァイトさんの財力のおかげで保護されていたのです」

（ジークベルト・レヴィン、マルティン・ヤコブソン、ジモン・ヴァイス「宣誓書」一九四六年、筆者訳）

ユダヤ人街ハッケシャー・マルクト

ここで、彼が作業所を置いたハッケシャー・マルクトがどのような場所であったかについても、確認しておきたい。ヴァイトがなぜハッケシャー・マルクトを移転先として選んだのかについて、詳しい記録は一切残っていない。それでも、この地区がどのような場所だったかを理解すれば、彼の意図はおのずから見えてくる。

一九九〇年のドイツ再統一まで東独に位置していたハッケシャー・マルクトは、今日では趣ある建物や店舗が並ぶ洒落た観光スポットとして知られている。

だが、かつてここはベルリン市内でも有数のユダヤ人居住区であった。その歴史は古く、すでに一六七二年にはグローセ・ハンブルガー通りにベルリン最古のユダヤ人墓地が作られている。さらに十八世紀に入ると老人ホームや学校も建設される。ナチス政権が成立する直前の一九三〇年には、この地にはシナゴーグや各種の学校、病院、老人ホーム、コーシャフード（ユダヤ教の戒律に従った食事）のレストランをはじめ、三百を超えるユダヤ人の施設があった。

3-2　ハッケシャー・マルクト　1930年頃

左の地図は、ヴァイトの盲人作業所の周辺にどのようなユダヤ人施設が存在していたかを表したものである。

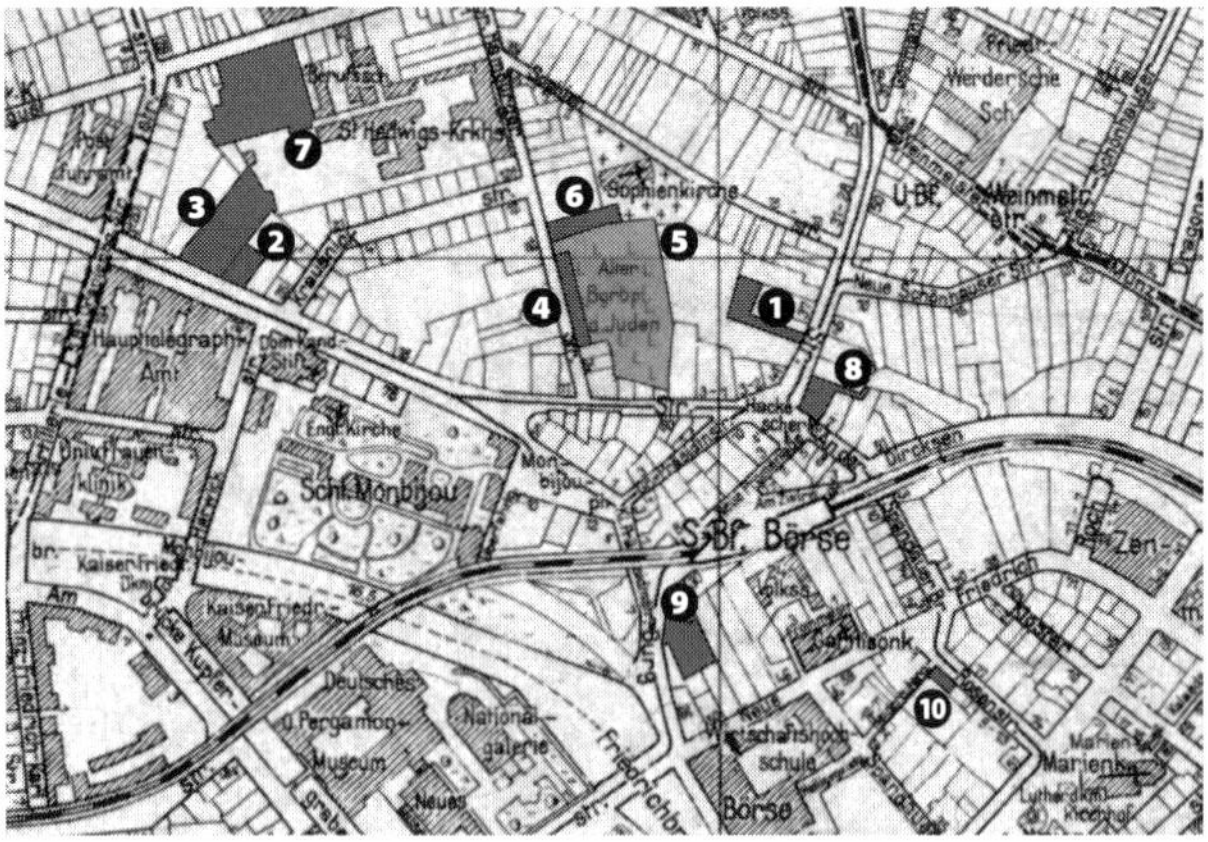

3-3　ハッケシャー・マルクト周辺の地図　1941年
①オットー・ヴァイト盲人作業所
②ドイツ・ユダヤ人協会
③新シナゴーグ
④ユダヤ教教区民老人ホーム
⑤ユダヤ人墓地
⑥ユダヤ教教区民のための初等および中等学校
⑦雑居ビル。このなかにユダヤ人のための孤児院、児童保護協会、調理師学校、病院などがあった
⑧第十六管区警察署
⑨ゲシュタポ・ベルリン指令局
⑩ドイツ・ユダヤ人協会が所有する建物

3-4　ハンス・ローゼンタル　1940年

この地図から、ヴァイトの作業所がユダヤ人街の一角に位置していたことがはっきりと読み取れる。なかでもヴァイトが訓練コースの受講生募集を依頼したドイツ・ユダヤ人協会は、ベルリンに暮らすユダヤ人の情報を一元的に把握していた。協会の職員として働いていたのは、ユダヤ人たちだった。彼らはナチスの監視下に置かれ、ユダヤ人迫害の政策に加担させられながらも、わずかでも同胞の利益になる行動をしようと苦闘していた。

のちにヴァイトの救援仲間となるハンス・ローゼンタル（一九〇三－没年不詳）もそのひとりであった。ローゼンタルは、もとは照明器具を手がけるドイツの大企業オズラムのエンジニアだった。しかし、ナチス政権の成立後会社を追われ、ユダヤ人協会で資材管理の仕事に就いていた。

その一方で、ローゼンタルは「平和と再建の共同体」と名乗る反ナチグループのメンバーでもあった。グループの中心メンバーには、ローゼンタルの古くからの友人でユダヤ人の反ナチ活動家ヴェルナー・シャルフ（一九一二－一九四五　ザクセンハウゼンで殺害）や、ドイツ人ハンス・ヴィンクラー（一九〇六－一九八七）がいた。ヴィンクラーの家族も活動の協力者だった。ヴィンクラーの娘ルートは当時十三歳になったばかりだったが、父親たちの活動に関与することの意味も危険性もすべて理解したうえで、ナチスへの抵抗を呼びかけるビラ撒きに加わった。

ローゼンタルとヴァイトの接点についてはよくわかっていないが、ヴァイトが箒やブラシをユダヤ人協会に納入していたことが出会いのきっかけになった可能性はある。さらにローゼンタルは、同じ反ナチの意志をもつ仲間として、シャルフをヴァイトに引き合わせた。このことについて、シャルフの妻ゲルトルートは、夫が頻繁にヴァイトのところに出入りしていたと証言している。シャルフたちはユダヤ人を強制移送から守るため、身分証明書の偽造等にもかかわっていたから、ヴァイトの従業員のなかにそうした身分証明書の提供を受けた者がいた可能性も十分に考えられる。

警察による迫害

さらに地図を見ると、ヴァイトの作業所からすぐ目と鼻の先に、第十六管区警察署があったことがわかる。第十六管区警察署は、ハッケシャー・マルクト一帯を管轄する町の交番であった。

ナチスの時代、ドイツには秘密国家警察（ゲシュタポ）、刑事警察、秩序警察の三つの組織があり、いずれもナチス親衛隊の支配下にあった。なかでもゲシュタポはナチスが敵とみなした存在――すなわちユダヤ人、反ナチ活動者、共産党員らを徹底的に摘発し、弾圧する強権組織だった。一方、秩序警察はいわゆる一般的な警察にあたり、国民の安全と国の秩序を守ることが役割であった。

第一章で述べたように、ニュルンベルク人種法以後のドイツで、ユダヤ人はもはや「国民」ではなくなっていた。したがって警察には彼らの安全を守る義務はなく、むしろドイツとドイツ国民を脅かす存在として取り締まり、迫害することが彼らの任務となった。それどころか、彼らはしばしば法律に定められた範囲を超えてユダヤ人迫害の手段を独自に編み出し、実施することまでやってのけたのである。

ベルリン市シャルロッテンブルクを管轄する警察署署長シュナイダーもそのひとりだった。秩序警察の初代長官クルト・ダリューゲを義兄弟にもつシュナイダーは、おそらくはダリューゲの後ろ盾を利用することで、独自に編み出したユダヤ人逮捕のアイディアをベルリン市の中心部で行動に移した。

一九三八年十月頃、彼は部下の警察官に命じてベルリン市内でもとくに交通量の多いクーアヒュルステンダム周辺の道路で交通違反者を見張った。交通違反といっても車の走行ではない。信号機や横断歩道等の交通規則に従わずに道路を横切る歩行者を取り締まったのである。違反者は片っ端から捕えられ、尋問された。違反者がドイツ人ならば、口頭での注意か、せいぜい一マルクの罰金を取られる程度で済んだが、ユダヤ人とわかれば警察署に連行され、半日程度拘禁されたうえに五十マルクから三百マルクの罰金が科せられた。些細な交通規則違反に対する罰則としては、もはや規則の範囲を超えた超法規的な対応である。

シュナイダーはなぜ、些細な交通違反を躍起になって取り締まったのか。それは、決して単なる嫌がらせなどではなかった。すでにこの年の六月十五日には、「過去に重罪を犯した者」に対しては、さらなる犯罪を抑止するという名目でいつでも逮捕してよいという法律が施行されていた。横断歩道以外の場所で道路を横切ったユダヤ人は、「前科者」となったのである。以後、彼らはいつ逮捕されるかわからない恐怖におびえ続けなければならなくなった。実際、前述のインゲ・ドイチュクロンの従兄弟も、以前に自動車事故で罰金を科された「前科」を理由に逮捕されている。

ベルリンの警察官のなかには、シュナイダーのやり方を模倣する者まで現れた。ヴァイセンゼーのとある地区では、ユダヤ人墓地や病院の行き帰りに通行しなければならない道路をあえて選んで交通違反を見張った。悲しみや不安に打ちひしがれ、ついうっかり信号を見落としたり、誤った場所で道路を横切ったりしたユダヤ人を捕えるためだった。

第十六管区警察署とユダヤ人の救援

こうした行動はシュナイダーに限らない。程度や方法の違いこそあれ、当時、国中の大多数の警察署がユダヤ人迫害を事実上の「任務」として熱心に遂行したからである。

だが、ハッケシャー・マルクト一帯を管轄する第十六管区警察署の警察官たちは違った。彼らはユダヤ人の味方となり、のちにはナチスの指示に背いてまでユダヤ人を救う行動に出るのである。彼らはユダヤ人の強制移送が始まると、ユダヤ人があらゆる手段を講じて不法に入手した「ドイツ人であることを示す身分証明書」に、正規の身分証明書であることを示す公印を押した。もちろん、それらが偽造であることを承知したうえでの行動である。さらに、強制移送をつつがなく遂行する任務を課せられていた彼らは、次の移送がいつ、どこで行われるかを事前に知り得る立場にあった。彼らはそうした立場を利用し、知り得た情報を秘密裡にユダヤ人や救援者たちに伝えて警戒を促した。

ユダヤ人救援に努めた第十六管区警察署が今日とくに知られているのは、一九三八年十一月の「水晶の夜」事件の際、シナゴーグを放火から守った行動によってである（「水晶の夜」事件については、第二章を参照されたい）。

ハッケシャー・マルクトからほど近いオラニエンエン通りに建つ新シナゴーグは、ドイツの著名な建築家エドアルト・クノブラウフらによって設計され、七年の歳月をかけて一八六六年に完成した壮麗な建物である。残念ながら一九四三年十一月二十三日のベルリン爆撃によって破壊されたため、今日のものは戦後になってからの再建だが、その五年前に起きた「水晶の夜」事件では、警察署員たちの努力で全焼を免れた。

「水晶の夜」事件の際、ドイツの全警察は「ユダヤ人とシナゴーグに対する攻撃を邪魔しないよう」ゲシュタポから指示を受けていた。建物は炎上するまま放置され、消防隊員も燃え盛る炎を傍観した。このとき、警察に課せられた任務は、被害者であるはずのユダヤ人を逮捕することであり、消防隊員が消火にあたるのは、隣接するアーリア人所有の家屋に延焼しそうになったときだけと決められていた。これだけをみても、第十六管区警察署員の行動がいかに特別であったかがわかる。シナゴーグはユダヤ人、とくにユダヤ教徒にとって精神的支柱であり、誇りであった。

3-5 「水晶の夜」事件の放火で、炎をあげる新シナゴーグ

ホロコーストを生き延びたユダヤ人男性ジークムント・トービアスは、「水晶の夜」事件のとき六歳だった。彼はのちに、焼け落ちたシナゴーグを見たときの衝撃を次のように語っている。

ライケ通りのシナゴーグの入り口を通りかかると、シナゴーグの中庭で灰の山がくすぶっていました。何と、くすぶっているのはシナゴーグで使われる祈禱書でした。灰の山の真ん中から、神聖なるトーラーの巻き物の焼け焦げた把手が突き出しているのです。

私はトーラーを大切に扱うようにと教えられてきました。礼拝の時、トーラーが落ちたりしたら、たとえ偶然でも、会衆全員が四十日の断食をするほどだったのです。それなのに、ナチは私たちのもっとも畏れ多い神聖なものを焼いてしまったのです。

当時、私は六歳でしたが、子供なりに自分たちにはもう安全な場所はないのだと思いました。あの時の恐怖は死ぬまで忘れられないでしょう。

（マイケル・ベーレンバウム『ホロコースト全史』）

新シナゴーグの消火を指示した警察署員が誰だったかについては、当時第十六管区の署長だったヴィルヘルム・クリュッツフェルトというのが通説である。オラニエン通りに再建された新シナゴーグには、今日次のような銘文が刻まれている。

ベルリン警察署員
ヴィルヘルム・クリュッツフェルト（一八八〇－一九五三）
一九三八年十一月九日から十日にかけてのポグロム（組織的破壊）の夜に
勇気と決断力をもってシナゴーグを破壊から守った

第十六管区警察署員のうち、消火を指示した人物が本当にクリュッツフェルトであったかについては異論もあるが、それは本質的な問題ではない。クリュッツフェルトがユダヤ人のために行動する人物であったことは間違いないし、さらに重要なのは、この警察署にはクリュッツフェルト以外にもユダヤ人の救援に協力した複数の署員がいたという事実である。

一九四〇年にクリュッツフェルトは他の管区に配置転換されるが、翌年にユダヤ人の東方移送が始まると、第十六管区警察署の署員たちは人びとを強制連行から守るために手を尽くした。なかでも中心的な役割を果たしたヴィリ・シュトイックとオットー・ベルガルトはヴァイトとも接点があり、彼に強制連行の情報を伝えて警告を促した。

ヴァイトがハッケシャー・マルクトへの移転を決めたとき、彼はすでに「水晶の夜」事件の際の第十六管区警察署員の行動を知っていただろうか。彼らの存在が、ハッケシャー・マルクトに移転先を決定した理由のひとつだったのだろうか。残念ながら、今となっては確かめるすべはない。だが彼らがのちに重要な仲間となり、ユダヤ人救援活動への協力を得られたことは、ヴァイトにとって幸いであった。

2. ひとりでも多くのユダヤ人を

牧師ディートリッヒ

ヴァイトのハッケシャー・マルクトでの生活が始まった。彼が作業所を構えたのは、ローゼンタラー通り三十九番地にある、ハッケシャー・ホフ（ドイツ語でハッケシャーの中庭という意味）という建物の一角であった。その名のとおり八つの中庭をもつハッケシャー・ホフの一角に彼は部屋を借り、箒やブラシの製作に必要な工具を揃えた。

ヴァイトに部屋を貸したのは、当時ハッケシャー・ホフの管理人をしていたマックス・アドルフ・ディートリッヒ（一八九六－一九七七）という人物である。チェコとの国境にほど近いエルツ山地で、農家の八番目の子どもとして生まれたディートリッヒは、ライプツィヒ大学で神学と哲学を学び、一九二九年には新聞学に関する研究で博士号を取得している。その後は文筆業で生計を立て、ヒトラーが政権を掌握すると間もなくナチ党に入党したが、一九三八年八月には党を脱退した。直接のきっかけや当時の状況は不明だが、脱党は公然たるナチスへの批判であり、否定である。なんの咎めもなく済むはずはない。おそらく最低でも懲役刑程度は受けたと考えられる。

ディートリッヒは脱党しただけではなく、ナチスの人種論を批判し、キリスト教信教の自立を守り続けた告白教会とも接点をもった。彼は、告白教会に与する牧師の説教を聞いたことから聖職者としての使命に目覚め、以後は牧師として務める傍ら、教会傘下の慈善活動団体で奉仕活動に従事するようになった。

ヴァイトとディートリッヒがいつ頃、どのようにして知り合ったかは明らかでない。だが、ヴァイトにとってディートリッヒは協力者以上の存在であった。ディートリッヒはヴァイトの人間性に全幅の信頼を置き、彼の救援活動を手助けしただけではない。ときに、ヴァイトの支援方法の問題点や危険性を指摘し、助言を与える指南役としても彼を支える役割を担ったからである。

社会からの排斥と家族との別離

ヴァイトは次々に盲のユダヤ人を雇った。クロイツベルクでは十人足らずだった従業員は、ハッケシャー・マルクトへの移転から一年足らずでおよそ三十人にまで増えていた。

3-6　ヴァイトの作業所があったハッケシャー・ホフの建物　1940年代

かつてヴァイトの作業所があったハッケシャー・ホフの一角は、今日「オットー・ヴァイト盲人作業所記念館」として保存されている。「記念館」といっても、急ぎ足で周れば数分で一周できてしまうほどの小さな空間である。だが、ささやかなこの場所にひとたび足を踏み入れれば、何十人ものユダヤ人を雇うことがヴァイトにとってどれほど大きな努力と代償を

3-7　ヴァイトの作業所に置かれていた工具

必要としたかが強く伝わってくる。

ヴァイトが盲のユダヤ人を雇ったのは、彼らを守るためであった。彼らはユダヤ人として排斥され、障害者として社会の偏見や差別にさらされていた。それだけではない。ナチスによる迫害が苛烈を極め、多数のユダヤ人がドイツを逃れて他国に移住しようと考えるにつれて、障害のあるユダヤ人たちは、家族にとってさえ重荷となっていった。第二章でも触れたように、ほとんどの場合、障害や高齢は、移住先から入国を拒絶される重大な理由となった。となれば、身内に障害者や高齢者をもつ家族にとって、残された道はふたつしかなかった。障害者や高齢者をドイツに残し、移住可能な者だけが国外に逃れるか、家族として最後まで運命をともにするため一家全員がドイツにとどまるかである。どちらにせよ、それは過酷な選択であった。前者は一家の離散を、後者は家族全員が死の危険にさらされることを意味していた。

障害者を家族にもつユダヤ人にとって国外移住がどれほど困難であったかは、「水晶の夜」事件以後も、ナチスがユダヤ人のための障害児学校の新設を認めていた事実に現れている。ナチスが障害児学校の設立を認めたのは、もちろん障害児に教育機会を与えるためなどではなかった。障害児をもつ親にとっては、わが子の世話を引き受けてくれる場所が見つからなければ、国外移住そのものが不可能だった。親たちもまた、追い詰められていた。寄宿舎つきの障害児学校に「預ける」ことが、事実上わが子をドイツに置き去りにすることと同義であることを、彼らはすでに悟っていただろう。だがそれでも、親たちには家族全員を守る義務があった。とりわけ、障害のないほかの子どもたちの安全を何よりも優先しなければならなかった。内心の葛藤は別として、障害児学校は家族にとって、国外移住を実現するための最後の砦であった。

3-8　ヴァイトとハッケシャー・ホフの作業所の従業員たち　1941年

　ヒトラーの台頭によって、ユダヤ人障害者たちはまずユダヤ人として社会的孤立を強いられた。しかし彼らの苦難はそれだけではなかった。障害者たちは愛する家族から引き離され、不自由のある身でドイツに取り残された。こうしてユダヤ人障害者は、社会からも、家族からも孤立するという二重の困難を強いられたのである。

　実際ヴァイトの作業所には、前述のフライと同じように障害のためにドイツに取り残された人びとが何人

3-9　ローザ・カッツ　1941年

もいた。

ベルンハルト・ブロンベルガー（一八七七－一九四三　アウシュヴィッツで殺害）は、もとは綿織物を手広く扱う商店の経営者であった。病気が原因で失明した彼には、妻リナとの間に四人の子どもがいた。四人の子どもたちは全員、ナチスの迫害を逃れて国外に脱出した。ブロンベルガーと妻もパレスチナに移住しようとした。だが、ブロンベルガーはパレスチナから入国を拒否される。目の障害が原因であった。夫妻はドイツに取り残され、結局一九四三年二月にアウシュヴィッツに移送されている。

一九四一年にヴァイトの作業所にやってきたローザ・カッツ（一八九八－一九四二　アウシュヴィッツで殺害）も、障害のためにパレスチナから入国を拒否されていた。独身のカッツには、両親と弟妹がいた。八歳年下の妹ルートは結婚し、二人の子どもがいた。ルートはヒトラーが政権を掌握した直後に、家族とともにパレスチナに逃れた。一方、一歳下の弟ジークベルトは政治犯として一九三三年から一九三六年まで刑務所に収監された後、一九三六年にはブッヘンヴァルト強制収容所に、さらに翌年にはダッハウ強制収容所に送られ、一九四二年十月にはアウシュヴィッツに移送されてそこで絶命している。

ルート一家がパレスチナに移住してからも、カッツの両親はドイツにとどまり続けた。両親はジークベルトの釈放を待って、一家全員でパレスチナに移り住むことを考えていたようである。だが結局、ジークベルトは釈放されず、両親は第二次世界大戦開戦後の一九三九年十一月にとうとうパレスチナに渡った。たったひとりドイツに取り残され、身のまわりの世話をしてくれる者も失ったカッツは、ベルリン市ヴァイセンゼーにあるイスラエル聾唖者施設に収容された。カッツは聾者ではなかったが、このとき聾唖者施設には聾者だけでなくカッツのように身よりのない盲人も収容されるようになっていた（第二章を参照）。その後カッツは、ユダヤ人協会が運営するユダヤ人病院に移され、一九四二年十二月にそこからアウシュヴィッツに移送されたのである。

新たなユダヤ人迫害――強制労働

一九四一年三月になると、ユダヤ人は強制労働を課せられることが法律で定められた。彼らは自分で職場を探すことを一切禁じられ、ユダヤ人中央管理局から一方的に割り当てられた仕事に従事させられた。ユダヤ人たちはそれまでの職歴や教育歴等にかかわりなく、軍需工場、道路の建設や掃除、機械や石炭の運搬といった過酷な肉体労働の現場に送り込まれた。もちろんユダヤ人の障害者も、割り当てられた仕事に就かなければならなくなった。

もっとも、ユダヤ人に対する過酷な労働の強制は、実際にはもっと前から段階的に行われていた。ナチスは、すでに一九三八年夏には新たなユダヤ人政策として強制労働の導入を考え始めていた。一九三八年十月十九日、ドイツ職業斡旋・失業保険研究所所長のフリードリヒ・シルップは、仕事に就いていないユダヤ人について、詳細な名簿を作成するよう指示を出している。この頃には多数のユダヤ人が職場を追われ、公的年金に頼る生活に陥っていた。経済再建を目ざすナチスにとって、国家財政を圧迫する社会保障費の削減は至上命題であった。彼らを強制労働という名の「雇用」に駆り立てれば、労働力の確保とともに年金を打ち切ることもできる。まさに一石二鳥の策であった。

ベルリンでは、「水晶の夜」事件のあと、ユダヤ人中央管理局が新設された。ユダヤ人の労働を一手に管轄する部署である。以後、ユダヤ人の就労先を振り分けるのはもっぱら管理局のドイツ人職員の仕事となり、ユダヤ人は自分たち同士の斡旋やユダヤ人協会の紹介によって職業を見つけることを禁じられた。さらに一九三九年五月には、十八歳から五十五歳までの全ユダヤ人（女性の場合は十八歳から五十歳）がユダヤ人中央管理局への登録を義務づけられた。

第二次世界大戦が始まると、労働者不足、なかでも工場労働者の絶対的不足を補うため、強制労働の適用年齢は六十歳（女性は五十五歳）にまで引き上げられた。多くの工場が適用年齢を無視し、六十歳を超えるユダヤ人でも平然と働かせた。彼らがたとえ重労働のために身体を壊したとしても、工場にとっては何の不都合もなかった。一九三九年末以降、ユダヤ人は労働災害や健康保険等の規定の適用から除外され、企業や工場は彼らの病気や怪我に対して一切責任をもつ必要がなくなったからである。

ユダヤ人中央管理局は、「労働可能な」ユダヤ人を次々に工場へ送り込んだ。エディス・フロイントというユダヤ人女性は、ここを訪れた際の光景を鮮明に覚えている。

次から次へとユダヤ人が役場に送り込まれてくる。働けるユダヤ人がまだこんなにいたなんて、いったい誰が想像できるだろう。でもこの人たち、本当に働けるんだろうか？　だってこの部屋にいるのは老人ばかりだ。いったい政府は〔労働〕登録年齢を七十歳にまで引き上げるつもりなんだろうか。

（ベアーテ・マイヤー他『ナチス期のベルリンにおけるユダヤ人――水晶の夜から解放まで』）

実際、この頃ベルリンでは、十八歳から六十歳までのユダヤ人登録者のうち半数近くを四十五歳以上の中高齢者が占めていた。一九三三年には十六万人いたベルリンのユダヤ人は、一九四一年には四割ほどの六万五千人にまで減っていた。青少年や働き盛りの世代は、すでに多くがドイツを去っていた。人手を増やすため、中央管理局は一九四〇年十月になると十六歳以下の子どもまで工場に送り込むようになった。

フロイントが配属されたのは、ベルリン市ケペニック地区にある広大なクリーニング工場だった。

ここには病気の女の人たちがものすごく大勢いる。この人たちは本当は……ここで働いちゃいけないような人たちだ。それなのに工場の専属医は彼女たちが病気だと認めないし、工場も従業員を辞めさせるようなことはめったにない。首にするのは、せいぜいユダヤ人中央管理局が代わりの従業員を送り込んできたときくらいのものだ。

（同書）

強制労働からの保護

過酷な労働は多数のユダヤ人を病気や怪我、死に追いやった。ただし、開戦に伴う深刻な労働者不足はユダヤ人だけで到底補えるものではなかったから、厳しい労働を強いられたのはユダヤ人だけではなかった。それまで家庭にいたドイツ人女性たちも労働力として工場に駆り出されたし、ポーランドをはじめ占領下に置かれた周辺国からも大量の労働者がドイツに連れてこられた。労働時間も増える一方だった。疲労が原因で作業中の事故や病気に罹患する者も続出したが、人手不足を補うため病気や怪我でもできるだけ働かせようとする雇用主が増えていった。

とりわけユダヤ人に対する扱いは劣悪であった。彼らはドイツ人労働者と接触しないようほかの従業員と引き離され、工場のなかでももっともきつい仕事を強要された。

この頃になると、ヴァイトの盲人作業所はもはや盲人に限らず、障害のないユダヤ人も助けを求めてやってくる場所になっていった。彼らの多くは強制労働で身体を壊した者や高齢者、かつて高い社会的地位にあった者、女性等、厳しい肉体労働に耐えることがとくに困難な人びとだった。

だが、ヴァイトの作業所は「盲人作業所」、すなわち盲人の職場として認可を受けた小規模工場であったから、障害のないユダヤ人を雇うことは容易ではなかった。障害のないユダヤ人を雇いたいという彼の要求は、ユダヤ人中央管理局の強硬な拒絶に直面した。このときの状況について、ヴァイトの共同経営者クレマートはのちに、盲人作業所とユダヤ人中央管理局との間で「途方もない闘い」が展開されたと振り返っている。

それでもヴァイトたちの闘いは功を奏し、一九四一年の初めには障害のないユダヤ人も作業所で雇えるようになった。それはヴァイトのユダヤ人救援活動が、ユダヤ人障害者の救援という範囲を超えてさらに数多くのユダヤ人を対象とするようになったことを意味した。

この頃ユダヤ人の間では、自分たちを比較的まともに扱ってくれる工場はどこか、とくにひどい扱いをするのはどこかといった話題がきわめて重要になっていた。ベルリン市内に工場をもつ大企業のなかでは、ジーメンスとアーエーゲーはユダヤ人に対して比較的親切だが、イー・ゲー・ファルベンはひどいらしいと彼らは噂した。こうした情報をもとに、ユダヤ人たちは、なんとかして少しでもましな職場に潜り込もうとした。ユダヤ人協会の職員も、ユダヤ人が強制労働に回される工場の情報を懸命に収集した。そのユダヤ人協会で、ヴァイトはユダヤ人を大切に扱ってくれる経営者として名を知られる存在になっていた。

ユダヤ人にとって、ヴァイトの作業所で雇われることがどれほどの幸運だったたか。それを知る手がかりとして、いずれも最初の晴眼の従業員としてヴァイトのもとにやってきた二人のユダヤ人女性、インゲ・ドイチュクロンとアリス・リヒトを例に、彼女たちがいかにして彼の作業所で働くことになったのか、そのいきさつをたどってみることにしよう。

インゲとアリス

インゲ・ドイチュクロンは一九二二年、ブランデンブルク州フィンスターヴァルデで生まれた。両親はともに社会主義者で父親のマルティンは社民党の幹部だった。経済的に不自由のない家庭に育ったインゲは、国民学校を終えると女子ギムナジウムであるビスマルク侯爵夫人学校に進学している。

3-10　コンラート・コーン

ここには進歩的な思想をもつ教師が集まっていた。ヒトラー政権が成立してからすでに二年が過ぎていたが、同校ではドイツ人の生徒とユダヤ人の生徒がともに学び、教師は彼女たちを平等に扱ったという。インゲの回想によれば、当時この学校に在籍していた生徒のうち、半数は富裕なユダヤ人家庭の子女であった。教師たちは内心ではヒトラーやナチスを軽蔑し、強制されたナチス式の敬礼「ハイル、ヒトラー」を行う際も、いかにも仕方なく最低限の義務を果たしているといった態度だったという。

結局インゲは、その後まもなくベルリン市学校教育局の圧力によってユダヤ人学校への転校を余儀なくされたが、彼女の回想からは、当時の学校にはまだ良心的な教師が存在していたこと、国家政策との板挟みに葛藤しながらも、教師たちがユダヤ人の生徒を守ろうと努力していたことが見てとれる。

一九四〇年、学校を終えたインゲは最初の仕事に就いた。ユダヤ人家庭の家政婦である。ユダヤ人が自分たちで職業や職場を選ぶことはとうに禁じられていたが、このときにはまだ、家政婦という職種はかろうじて認められていた。彼女が勤めたのは、ユダヤ人法学者コンラート・コーンの自宅であった。コーンはユダヤ人協会の幹部職員として、同胞の国外移住に尽力した人物でもあった。コーンの自宅でインゲは穏やかな日々を過ごしたが、その後一九四一年四月に家政婦としての就労が禁止されると、コーンはいよいよ強制労働に就かなければならなくなったインゲの身を案じ、少しでもよい条件の職場に行かれるようにとユダヤ人協会の職員ゲルトルート・プロコーニクに連絡をとってくれた。

インゲと面会したプロコーニクは多くを問わず、万事をわきまえた口調でオットー・ヴァイトさんに会いに行きなさいと勧めた。

「ヴァイトさんは、あらゆる規則に反して、ユダヤ人の従業員を親切に扱ってくれます。そんな経営者は、ベルリンでも数少ないですよ」

ユダヤ人協会が直接職場を斡旋することはできない。そこで事前にインゲとヴァイトが会い、水面下で話をつけたうえで、後日改めてユダヤ人中央管理局に出向き、ヴァイトの口からインゲの雇用を申し出てもらうというのが事前の計画だった。インゲはさっそくヴァイトの作業所を訪ねた。初めて会ったときのヴァイトの印象について、インゲはのちに出版した自伝『黄色い星を背負って』のなかで次のように記している。

事務室に腰かけているヴァイトさんは、ほっそりとした、いやもっと正確に言えばひょろっとした身体つきだった。背筋をぴんと伸ばし、まるで何かを探ろうとするかのように大きな手を前に伸ばすと、皺だらけの顔にかかるまっすぐな白髪を神経質そうにしょっちゅうかきあげていた。青い両目は白く濁っていた。にもかかわらず、私はヴァイトさんからまるで貫きとおすように深く見つめられている気がした。

（インゲ・ドイチュクロン『黄色い星を背負って』筆者訳）

ヴァイトはインゲに家族について尋ねた。短い面談の間、ヴァイトは何度も吸入器を口に当ててい

3-11　アリス・リヒト　1941年

たという。ヴァイトはすでに重い心臓病を患っていた。インゲの父マルティンはこのときイギリスに亡命していたが、社会民主主義者としてナチスに敵対するドイチュクロン一家の政治的信条を聞くと、ヴァイトは満足そうな表情で、明後日ユダヤ人中央管理局にいらっしゃいとインゲに伝えた。インゲの就職は何の問題もなく決まりそうに見えた。

だが、ことはそう簡単にはいかなかった。

二日後、インゲはユダヤ人中央管理局に出向いた。そこで出会ったのがアリス・リヒトであった。アリスもまた、毛織物工場の経営者を父にもつ裕福な家庭のひとり娘だった。インゲより六歳年上のアリスは、ナチス政権が成立した一九三三年の三月にギムナジウムを終えていた。ヒトラーの台頭さえなければ医学部に進学し、将来は医師になるはずだった。だが彼女がギムナジウムを卒業した翌月から、ユダヤ人の大学入学について厳しい人数制限が課せられた。それはアリスにとって、大学進学への道が事実上閉ざされたことを意味した。やむなく彼女は秘書の養成コースに進み、その後さらに商業学校も卒業していた。

ユダヤ人中央管理局には、インゲとアリスのほかに二人の女性と数人の男性が来ていた。みな、ヴァイトの作業所で働くことを希望しているユダヤ人たちだった。

「ところで、おまえたちはどうやってヴァイトさんの作業所を知ったんだ？」

局長アルフレート・エッシュハウスの問いに、彼らのひとりが不用意にも本当のことを答えてしまった。

「ユダヤ人協会の紹介です」

万事休すであった。

「この悪党どもが！　いったいどういうつもりだ」

エッシュハウスの金切り声を聞きつけてやってきた職員が、罰として一番きつく、条件の悪い工場に送り込んでやればいいと提案した。

こうしてインゲとアリスは、イー・ゲー・ファルベン社の紡績工場に配属された。一九四一年六月十三日のことである。

ふたりに与えられた仕事は、絹を縫製する紡錘機を操る作業だった。機械の前で毎日十時間、立ち続ける仕事である。もっとも、インゲとアリスを苦しめたのは、過酷な労働やドイツ人従業員の露骨な嫌がらせだけではなかった。ふたりは、一緒に働くユダヤ人女性たちの雰囲気になじめなかった。イー・ゲー・ファルベンに配属されていたユダヤ人女性の多くは、労働者階級の出身者だった。裕福な家庭で育ち、平和な時代であれば大学にも進学するはずだったインゲとアリスは、「生まれ育った環境も、話すことばも」あまりにも自分たちと違う同僚の振る舞いにとまどった。同僚の女性たちにとっても、ふたりは「不可解な」存在だった。インゲとアリスはユダヤ人労働者の輪のなかに入れず、孤立感を味わった。

それでもおそらく一種の気づかいからだったろう、あるときひとりの同僚女性が十八歳のインゲにこう声をかけてきた。

「あんた、もう男を知ってる？」

女性のほうには悪気はなく、むしろ、ちょっとした世間話をきっかけにイングと親しくなろうとしたのかもしれない。同じ女性同士として、異性の話なら会話も弾むと考えたのだろう。

だがイングは絶句した。彼女からみればあまりにも蓮っ葉な話題であり、ことばづかいであった。こんなことをあけすけに尋ねてくる人間に彼女はそれまで出会ったことがなかった。このときの体験について、彼女はのちにこう語っている。

「ベルリンには労働者階級のユダヤ人もいるのだということを、私はこのとき生まれて初めて知ったのです」


ありがとう、ほかでは引き取り手のない者たちを雇ってくださって

なんとしてもイー・ゲー・ファルベンから抜け出したい。そう思い続けていたある日、ふたりは以前イー・ゲー・ファルベンで働いていたユダヤ人女性のなかに、病気で立ち仕事ができないという診断書のおかげで、無事に「解雇」された前例があることを知る。

アリスはあることを思い出した。実は彼女はイー・ゲー・ファルベンに来るまで、ジーメンス社という別の企業で強制労働に従事させられていた。当時、アリスはすでにヴァイトと顔見知りの間柄になっていた。ヴァイトはアリスに、病気を装えばジーメンス社を抜け出せると助言し、ジーメンス社を辞めて自分の作業所で働くように勧めた。詐病を使って困難を逃れるというアイディアは、第一次世界大戦の際、耳の病気を主張して前線送りを逃れたヴァイト自身の体験から思いついたのだろう。

アリスはヴァイトの助言に従い、自分は潰瘍を患っているのできつい労働には耐えられないと主張し、首尾よくジーメンスを「首に」なっている。ということは、このときアリスの病気を「証明」し、彼女の意に沿う診断書を作成してくれた医師がいたはずである。ヴァイトのように今日までその名を知られている「英雄」でなくとも、当時のドイツには、ユダヤ人に対しそれぞれの立場でささやかな善意を示そうとした人びとがいたのである。

さて、アリスはふたたび自分は潰瘍だと詐病を使い、わずか半月でイー・ゲー・ファルベンを辞めることに成功した。アリスはその後すぐにヴァイトの作業所に移り、彼の秘書となった。

ひとり残されたインゲは、一計を案じた。どうすれば自分もアリスのようにイー・ゲー・ファルベンを辞めてヴァイトの作業所に移れるだろうか。彼女にはアリスのような既往歴はなかった。身体に不調がないなら、不調を作ろう。彼女は、自分の身体を意図的に傷めたうえで、医師から診断書を手に入れようと思いついた。もちろん、万一にも工場側に真相を見破られれば、ただでは済まない。危険を伴う行動であった。

インゲはこれまで経験がないほどかかとの高い靴を履いて工場に通い始めた。ユダヤ人が市電やバス等の公共交通機関のなかで着席することはすでに禁じられていたから、朝自宅を出てから夜帰宅するまで、彼女はこのハイヒールでひたすら立ち続けた。

努力は功を奏し、行動を始めてからわずか三日後にはインゲは右膝を曲げられなくなった。ダムというドイツ人医師が、彼女の立場を擁護する診断書を作成してくれた。ダム医師もまた、ユダヤ人に好意的に接してくれる人物として、ユダヤ人たちの間で名を知られていた。彼はおそらくインゲの意図も、彼女がわざと負った怪我であることも承知のうえで、彼女の望みどおりの診断書を作成したのだろう。

こうして首尾よくイー・ゲー・ファルベンを去ることに成功したインゲは、すぐにヴァイトとアリスが待つ作業所に出向いた。イー・ゲー・ファルベンで働き始めてから一か月後のことである。インゲから事の顚末を聞いてヴァイトは目を輝かせた。ヴァイトはこうした、あえて身を危険にさらすような冒険に心を躍らせる人間だったとインゲは振り返っている。

しかし、今度こそ失敗はできない。事前に念入りな打ち合わせをしたインゲとヴァイトは、ふたたびユダヤ人中央管理局に出向いた。インゲは足に大げさなほど包帯を巻き、松葉杖をついてヴァイトの後に従った。現地に到着すると、所長のエッシュハウスがすでにヴァイトを待っていた。エッシュハウスはヴァイトに愛想よく挨拶し、ふたりは個室に消えた。ふたたび部屋から出てきたとき、インゲはそれまでヴァイトが手に抱えていた小さな包みがなくなっていることに気づいた。

エッシュハウスは、インゲの足を見て言った。

「ヴァイトさん、私たちはあなたに心から感謝しています。ほかでは引き取り手のない者たちをいつも雇ってくださるのですから」

盲人作業所での「強制労働」

エッシュハウスがヴァイトにかけたことばは、この時期のヴァイトの行動を端的に言い当てている。インゲやアリスに限らず、ヴァイトの作業所に集まってきたユダヤ人の多くは、強制労働に耐えることがとくに困難な人びとであった。そうした人びとのなかには高齢者もいれば、インゲやアリスのように、それまで肉体労働とは無縁の生活を送ってきた者もいた。もちろん障害者もいた。六十五歳の従業員ユリウス・フォン・デア・ヴァル（一八七六－一九四二　リガのゲットーで殺害。リガは現在のラトヴィア領）は、元はニーダーザクセン州出身の貴族であった。四十八歳のジークフリート・レス（一八九三－一九四三　アウシュヴィッツで殺害）は、博士の学位をもつ弁護士だった。マックス・ホルン（一九二六－一九四三　アウシュヴィッツで殺害）はまだ十五歳の少年だった。彼らはあらゆる伝手を頼り、まるで駆け込み寺に救いを求めるようにヴァイトのところにやってきた。アリスは言う。「ヴァイトさんのところで働いていたのは、銀行の支店長、弁護士、ビジネスマン、薬剤師等、みなかつては高い地位にあった人たちばかりでした。それぞれ別の『強制労働』の職場から移ってきた私たちは、ヴァイトさんに出会ったおかげで、忠実で誠実な味方を得ることができたのです」

興味深い指摘がある。強制労働の配置先についてはかつて医師、弁護士、作家、学者等、いわゆる学術的な職業に就いていた者ほど、しばしば「もっとも汚い、きつい仕事」に送り込まれる傾向があったというのである。街のゴミ収集、列車のトイレ清掃、冬季の雪かき、化学工場や繊維工場での清掃業などはその典型例であった。あるいはまた、工事現場や採石場、金属工場、電機工場などで力仕事を強いられ、身体を壊す者も多かった。

さて、ヴァイトが多数のユダヤ人をある程度自由に雇うことができた最大の理由は、彼が「戦争遂行に必要な企業」の認可を得て、国防軍に製品を納入していたからである。つまり、労働の実態はどうであれ、彼の作業所で働くことは表向き「強制労働」としてユダヤ人中央管理局に認められていたということである。戦時下のドイツでは、産業から国民生活にいたるまで、あらゆる意味で戦争が最優先であった。実際、一九四一年夏の時点で強制労働に従事させられていたベルリン在住のユダヤ人二万八千人のうち、七割近い一万九千人が「戦争の遂行に必要な企業」に配置されている。

もっとも、いくら「戦争の遂行に必要な企業」の認可があるとはいえ、細々と箒やブラシを製造しているにすぎない彼の作業所で、それほど大勢の従業員が必要だったとは考えられない。むしろ、人手は余っているというのが現実だったろう。その証拠に、インゲはヴァイトの作業所で働くことが決まるとすぐに「実は、うちには君の仕事はないんだ」と驚くようなことばを聞かされている。

こうした作業所の実態を、ユダヤ人中央管理局がどの程度詳細に把握していたかはわからない。だが局長エッシュハウスにとってヴァイトはほかでは引き取り手のつかないような、労働者として脆弱なユダヤ人を受け入れてくれるありがたい存在であった。加えて、彼が持参する賄賂も魅力だったのだろう。実は、エッシュハウスはナチスの役人のなかでも賄賂による買収が容易な人間だった。

エッシュハウスが賄賂の力で動く人間だという情報を、ヴァイトがどこから得たのかは定かでないが、現実にヴァイトはインゲを雇う際、エッシュハウスに賄賂を渡している。包みの中身については、大きさや形からみて、おそらく香水か何かだったろうとのちにインゲは振り返っているが、インゲだけでなく、アリスを雇うときも、あるいはそれ以外のユダヤ人たちを雇うときも、ヴァイトは同様にこうして賄賂を贈ったのだろう。いずれにせよ、配給制度が敷かれた戦時下のドイツでは、高級品に限らずあらゆる品物が入手困難になっていた。

エッシュハウスは、横暴な人間としてユダヤ人たちから恐れられていたらしい。彼は以前にユダヤ人貿易商のもとで修業をしていた時期があり、その上司に対する不愉快な印象が原因でユダヤ人を恨んでいるらしいとユダヤ人たちは噂し合った。

噂の真偽のほどはともかく、エッシュハウスは賄賂さえ積まれればユダヤ人の利益になる行動を厭わなかった。交際のあった洋服縫製工場主から、自分のところにいるユダヤ人従業員とその妻を収容所移送から救ってほしいと懇願された際には、依頼のとおり夫婦の名を移送者リストから削除してやっている。もっとも彼はこの行動がきっかけで収賄の罪に問われ、裁判の末に禁固二年の刑を言い渡されている。

こうしてみると、ユダヤ人に対するエッシュハウスの乱暴な態度は、むしろナチス体制側の人間としての自分の立場を守るためのカモフラージュだったようにも見えてくる。ともあれ彼の行動がユダヤ人への同情から発したにせよ、あるいは賄賂のためだったにせよ、少なくとも彼が心底からヒトラーに従っていたわけでないことだけは確かだろう。何より、ユダヤ人の強制労働を管轄する彼がしばしば賄賂を受け取っていたということは、当時のベルリンには、賄賂を使うという危険を冒してでもユダヤ人を守ろうとする人びとがいたことの証ともいえる。

さて、ヴァイトとインゲのことに話を戻そう。

ナチスの役人に対するヴァイトの行動の巧さは目を見張るものがあった。賄賂の使い方だけではない。インゲがヴァイトの作業所に雇われるまでの顚末をみると、状況判断の俊敏さや、人心を掌握する能力の高さが見てとれる。たとえばインゲが最初にユダヤ人中央管理局に出向いた際、ヴァイトは彼女たちに同行して自らも管理局に出向き、職員との面談に先立ってインゲたちにさまざまな助言を与えている。だが、面談が不首尾に終わったと見るや、彼は彼女たちを後に残してさっさと姿を消した。作業所への就職はあくまでもインゲたちが勝手に希望しているだけで、自分にはかかわりがないことを職員にアピールするためだろう。インゲたちの失態に巻き込まれれば、ヴァイト自身は言うに及ばず、彼の作業所で働く従業員たちをも危険にさらすからである。

一方で、再度インゲとともに管理局に赴いた際には、エッシュハウスに対して威圧的な態度と賄賂を巧みに使い、インゲを雇うという自身の要求を堂々と認めさせている。しかもその際、エッシュハウスの前でわざとインゲを怒鳴りつけるという演技までやってのけている。自分にとってインゲが「使い捨てのユダヤ人労働者」にすぎないことを印象づけるための演出である。インゲによれば、ナチス体制側の人間を欺くためのこうした演技や演出をヴァイトは決して苦痛そうにではなく、むしろ楽しんでやっているように見えたという。

3. 盲人作業所の日常とヴァイトの仲間たち

盲人作業所の日常

ヴァイトのもとには、過酷な強制労働から逃れようとするユダヤ人たちが続々と集まってきた。ユダヤ人から救いを求められるたびにヴァイトはユダヤ人中央管理局に出向き、交渉術と賄賂を駆使して彼らを雇うことに成功した。

彼らは、ようやくたどり着いたヴァイトの作業所でどのような日々を過ごしたのか。インゲのこんな回想がある。

晴眼のユダヤ人従業員たちが材料の加工処理をし、盲の従業員たち……三十人くらいいて、男性も女性もいました……その人たちがその加工済みの材料を使って箒やブラシを作りました。もしこうした「闇の」材料を入手できなければ、ヴァイトさんはあんなにたくさんの人……三人を除いて全員がユダヤ人だったのですが……を雇うことなど不可能だったでしょう。ここで働いている独身の盲のユダヤ人たちは……そのうちの何人かは盲聾者でしたが……ユダヤ盲人施設で寝起きしていました。彼らのなかには先天性の盲人もいたし、事故や怪我で失明した人もいました。

（インゲ・ドイチュクロン『黄色い星を背負って』）

「闇の」材料とは、ブラシの材料である馬のたてがみのことである。戦時下の常として、当時のドイツ社会でも深刻な物資不足が常態化していた。ヴァイトは闇の取引を巧みに活用することで、相応の利益を上げていたらしい。

ヴァイトの作業所には、ナチスの台頭以来ユダヤ人たちが奪われてきた穏やかな、人間らしい時間が流れていた。そこでは、従業員たちはユダヤ人だという理由で差別を受けることはなかった。ヴァイトにとって彼らは、自分と同じひとりの人間だった。それだけでも、当時のドイツでは勇気を必要とする行動である。だが、それだけではなかった。

ヴァイトの作業所では、秘書も経理も、電話の応対もすべてユダヤ人の従業員が担当した。当時、ユダヤ人は「強制労働」の対象であり、きつい肉体労働以外の業務に就くことはナチスによって禁じられていた。だがヴァイトは意に介さなかった。彼はアリスを秘書として使い、元銀行員のヴェルナー・バッシュ(一九〇八–一九四五　ダッハウ強制収容所で殺害)に経理を任せた。電話の応対はインゲの担当だった。もっともこれは、ユダヤ人をきつい労働から守るためというより、各人の職歴や能力に応じた仕事を割り当てたということだろう。アリスによれば、ヴァイトの作業所にいた従業員は「九十五パーセントがユダヤ人」だったから、あらゆる業務をユダヤ人が担当しなければ作業所の運営自体が成り立たないことも事実だった。

ヴァイトは、ナチス政策による従業員の経済的困窮や乏しい食料事情にも気を配った。当時、ヴァイトの作業所と同じ建物(ハッケシャー・ホフ)に住んでいたロッテ・バイエルという女性は、彼の作業所から時折、肉の焼ける香ばしい匂いが漂ってきたことを覚えている。それは、空腹にあえぐユダヤ人たちを労うために、ヴァイトが闇市で調達してきたものだった。盲の従業員ジークベルト・レヴィンは、給料や食料に関するヴァイトの配慮を次のように振り返っている。

多くの従業員が(ユダヤ人に許された)上限額の給料を受け取っていたうえに、ヴァイトさんの特別な親切心のおかげで、十五パーセントの社会保障税を給料から天引きされることもありませんでした。ヴァイトさんは毎週のように、野菜やジャガイモを買い占めるために、フリーデンヴァルデ、アンガーミュンデ、シュテッティン等の郊外に、信頼のおける特別な人物を使いに出していました。迫害されている私たちユダヤ人に分け与えるためです。何か月かに一度は、大きなバケツで糖蜜を買い、それはいつも作業所の従業員たちに平等に配られました。

（ジークベルト・レヴィン、マルティン・ヤコブソン、ジモン・ヴァイス「宣誓書」一九四六年）

レヴィンのいう「信頼のおける特別な人物」が誰だったのかはわかっていないが、配給制度が敷かれた戦時下のドイツで、定期的に農家から大量の食料を買い占めるという任務は間違いなく危険と隣合わせだった。なぜそれほど大量の食料が必要なのか、もしかしてユダヤ人に分け与えるためではないのか。たとえわずかでも疑われれば密告につながる危険は常にあった。実際のところ、農家の人びとが黙って食料を提供し続けた真意はわかっていない。高額で買い取ってくれるヴァイトを上客と認識していたからかもしれないし、もしかすると薄々は事情を承知したうえで、陰ながらユダヤ人の力になろうとしたのかもしれない。密告が奨励される当時のドイツでは、ヴァイトのような救援者の行動を口外せず、「見て見ぬふり」をしてくれるだけでも立派な善意の表現だったのである。

一方賃金についていえば、当時、ユダヤ人の「強制労働」に対しては、いちおう賃金が支払われてはいた。もちろんその金額は国内の最低水準であったが、単純に賃金の額だけでみれば、ドイツ人のなかにも似たような賃金で働かされている人びとはいた。ただ、問題は税金だった。ナチスはユダヤ人やシンティ・ロマ、東欧出身の強制労働者に対して、賃金の十五パーセントに相当する特別税（社会保障税）を通常の所得税に上乗せして課した。これについて、たとえば一九四二年にダイムラー・ベンツ社で強制労働に従事していたあるユダヤ人は、月に二三四マルクの賃金から、通常の所得税と特別税を合わせて一〇八マルクもの税金を徴収され、そのほかに社会保険料まで徴収されていた。もはやユダヤ人に提供される社会保障など何もないのに、である。同じ時期にダイムラー・ベンツ社で働いていた非熟練のドイツ人のなかには、このユダヤ人と同程度の賃金の者もいたが、その場合、税金と社会保険料を合わせても差し引かれるのはせいぜい三十マルクほどであった。こうした状況のなかで、ヴァイトはユダヤ人に許容される最高額の賃金を支払い、しかも彼らに課せられた特別税をヴァイト自身が肩代わりしたのである。

ヴァイトの協力者たち

こうしてヴァイトは、ユダヤ人の従業員たちを守った。彼らはヴァイトに雇われることで、身体を壊すほどのきつい労働から解放されたが、それだけではなかった。ヴァイトの作業所では、嘲りを受けることも罵られることもなかった。そこは彼らにとって、失いかけていた人間としての自然な感情や自尊心を思い出させてくれる場所だった。配給制が敷かれた戦時下のドイツでは、ユダヤ人たちの空腹を満たすための食料は、多額の金と引き換えに闇で手に入れるしかなかった。しかもそれは危険を伴う行為でもあった。ひとたび発覚すれば処罰が待ち受ける危険と引き換えに、ヴァイトはユダヤ人たちの味方であり続けたのである。インゲは言う。「ヴァイトさんは、『自分の』ユダヤ人たちのためなら、どんなことでもしてくれたのです」

だが、ここにひとつの疑問が生じてくる。ささやかな盲人作業所の経営者にすぎないヴァイトが、なぜ多数のユダヤ人を保護することができたのか。

作業所のユダヤ人たちについて、インゲは「ヴァイトさんは、自分の小さな作業所が経営的に成り立つよりも、もっと大勢の人びとを雇ってくれた」と指摘する。要するに、製品の売り上げによって得られる利益よりも、支出のほうが多かったということだろう。しかもヴァイトは、彼らを雇うために、高額の品をたびたび賄賂として使っている。当時の物資不足を考えれば、間違いなく闇でしか入手できないような品である。その資金はどこから得ていたのか。

資金の問題だけではない。ヴァイトは、箒やブラシの原料もしばしば闇で入手していたという。視覚に障害のあるヴァイトが、いわば「生き馬の目を抜く」闇取引の世界でそれほど巧みに行動できたのだろうか。

3-12　ヴァイトの作業所で製作されたブラシ

さらなる疑問は、従業員の人数についてである。実は、ヴァイトの作業所にいたユダヤ人従業員の人数は、正確にはわかっていない。ただ、生き残った従業員たちの話を総合すると、もともと盲の従業員が三十人ほどいたところに、障害のないユダヤ人たちが次々に加わり、どうやらもっとも多い時期には六十人から六十五人ほどの従業員が働いていたらしい。自らも障害をもつヴァイトが、これほど多数のユダヤ人を小さな作業所で雇い、ナチスの迫害から守ろうとしただけでも驚異的だが、彼が戦後になってから「デア・アウフバウ（再建）」というニューヨークのユダヤ系雑誌社宛に送った手紙には、さらに驚くべきことが書かれている。

私は盲人作業所、つまり手仕事の工房を所有しています。そこでは、盲人たちが箒やブラシを製作しています。この作業所は一九四〇年から一九四五年にかけて、ユダヤ人たちとゲシュタポの間に起きた事件の只中にあったのです。この時期、私は作業所で一六五人のユダヤ人たちに働く場所を提供しましたが、そこでの彼らは奴隷ではなく、人間としての扱いを受けましたし、私は彼らのために、日々、この上なく強力な嘘の逃げ道を探さなくてはならなかったのです。一九四一年に活動を始めてから一九四五年三月まで、もっとも重要な軍備にかかわる製品を製造しているという口実のおかげで……実際はまったくそうではなかったのですが……本当に大変な苦労の甲斐あって、人びとはいつもゲシュタポの連行から逃れられていました。

（オットー・ヴァイト「手紙」一九四七年十月、筆者訳）

なんと彼は一六五人ものユダヤ人を「従業員」として抱えていたというのである。それほど大勢の人間を、彼はいったいどのように庇護することができたのだろうか。これらの問題は、当然ながら彼の勇気や正義感、反ナチの志だけで解決できるものではない。

実は、ヴァイトの活動にはかなりの人数の協力者がいた。その数は、今日氏名が判明している者だけでも十数名にのぼる。共同経営者のクレマートや妻エルゼはいうまでもなく、それ以外にもさまざまな人びとがヴァイトの作業所にいるユダヤ人のために尽力したのである。

ユダヤ人迫害を国家政策とするナチス期にあって、ユダヤ人を救うことは国家への反逆に値する行為である。救援活動どころか、ほんのわずかな同情心を示しただけでも、「国家に対する悪意ある攻撃」

とみなされ処罰が待っていた。もちろんあらゆる活動は水面下で行われたし、仲間の氏名はもとより、活動の証拠になるような記録も一切残せなかった。だから実際には、もっと数多くの協力者がいた可能性も十分に考えられる。ヴァイトに限らず、ユダヤ人を救うという行為はほとんどの場合独力では到底不可能であり、志を同じくする複数の仲間の協力が不可欠であった。

そこで、次にヴァイトの活動を支えたのはどのような人びとであり、彼らが担った役割は何であったかをみてみよう。協力者たち一人ひとりの活動をたどることで、ヴァイトの救援活動がいかに協力者たちの「多様な役割分担」によって支えられていたかが見えてくるはずである。

協力者たちの「役割分担」

ナチス支配下の社会で、ユダヤ人に味方をする行為がいかに過酷な代償を必要としたかは、ナチス占領下のポーランドの例をみれば明らかである。ドイツを含め、ナチス支配下にあった各国では、収容所への強制移送が激化するにつれて、ひそかに彼らを匿おうとする善意ある少数の人びとが現れる。活動に加わった人びとのなかには、ナチスに対する明確な抵抗というより、目の前にいるユダヤ人の命を救うという素朴な良心に突き動かされて行動に及んだ者も多かった。二〇一七年に日本でも公開された映画「ユダヤ人を救った動物園――アントニーナが愛した命」は、ワルシャワ動物園の園長ヤン・ジャビンスキと妻アントニーナが三百人ものユダヤ人を匿った実話に基づく作品である。そのポーランドでは、ユダヤ人を匿ったことが発覚すれば本人はもとより家族全員が死刑となった。ドイツでは、ユダヤ人に手を差し伸べただけで死刑を宣告されることはなかったが、それでも強制収容所送りは常であり、過酷な労働と劣悪な環境のために命を落とすことも珍しくなかった。ヴァイトの協力者たちもまたこうした危険を承知のうえで、それでも彼に力を貸したのである。

残念ながらヴァイトの救援活動にかかわった人びとの全体像は明らかでない。しかし、これまでにその存在が明らかとなっている十数名の人びとに目を向けてみると、ヴァイトの協力者たちに共通するいくつかの重要な特徴が見てとれる。

その第一は、障害者であったヴァイトを含め、ヴァイトの救援仲間はその多くが自分自身もまた、ナチスが支配する社会において差別や排斥の対象とみなされる存在だったことである。ヴァイトの主要な救援仲間には、娼婦のヘドヴィヒ・ポルシュッツをはじめ、印刷所経営者のテオドール・ゲルナー、ユダヤ人のローゼンタル、同じくユダヤ人の医師グスタフ・ヘルトとドイツ人の妻インゲ、ユダヤ人音楽家の夫と死別したクリーニング店主トロストラー、ハッケシャー・マルクト地区を管轄する第十六管区警察署の警察官たちがいた。

ユダヤ人として自分も死の恐れのあるローゼンタルやヘルトが、救援を求める側ではなく、救援する側の立場で行動した事実は重要である。だが、身の危険に直面し、あるいは排斥される立場にあったのは、彼らだけではなかった。たとえば、娼婦は「反社会的」存在であり、警察による拘禁や強制収容所の対象であった。ゲルナーとダイベルは、それぞれナチス政権が弾圧した社民党と共産党の確信的な支持者であった。彼らもまた、逮捕されれば強制収容所送りや処刑が待っていた。ユダヤ人を配偶者にもつインゲ・ヘルトは、「人種の面汚し」として執拗に離婚を迫られた。さらに、表向きはこうした人びとを取り締まるべき立場にあった第十六管区警察署は、実際には「ナチス的な秩序」に従順ではない警察官が半ば懲罰的に配属される部署であった。

ヴァイトが救おうとしたユダヤ人のなかに多数の障害者がいたことは、すでに見てきたとおりである。だが、彼らに手を差し伸べたヴァイトや協力者たちもまた、ドイツ社会のなかで相対的に弱い立場に追いやられてきた人びとであった。その弱い立場にあった人びとが、自らよりももっと弱い立場にある者を救おうとした活動こそ、ヴァイトたちのユダヤ人救援だったのである。

では、救援仲間たちはそれぞれどのようにヴァイトの活動にかかわったのだろうか。ヴァイトの協力者たちは、めいめいの職業や地位によって得られる知識や情報をもち寄ることで、ユダヤ人の救援に必要な役割を効率的に分担した。この明確な役割分担こそ、ヴァイトたちの活動に見てとれる第二の特徴である。

3-13　ユダヤ人医師　グスタフ・ヘルト　1955年

ヴァイトのユダヤ人救援は当初、作業所への雇用によって過酷な強制労働と非人間的な処遇から、彼らを保護することにあった。先に述べたように、自分の作業所で多数のユダヤ人を雇うためには賄賂が欠かせなかった。賄賂の品は、ヴァイト自身が闇市で手に入れることもあったが、物資不足が深刻化する戦時下のドイツで相手が喜びそうな品を入手するためには、闇市での取引に長けた者の助けが重要であった。

その後収容所への強制移送が激化すると、ヴァイトのユダヤ人救援は、雇用から潜伏生活の支援へと形を変えていく。

ユダヤ人協会の職員という立場上、ユダヤ人連行の期日等を事前に把握できたローゼンタルは、そうした極秘情報をヴァイトに伝え、ユダヤ人の同胞を「手入れ」から守ろうとした。第十六管区の警察官もまた、ゲシュタポの動向をヴァイトに伝え、注意を促した。さらには地下に潜伏して生き延びようとするユダヤ人たちのために、「ドイツ人としての」身分証明書まで発行した。

仲間たちは自宅や自分が経営する工場等を隠れ家として提供した。だが、隠れ家は常に密告の危険と隣り合わせである。ゲシュタポの動静に関する事前の情報入手や、「手入れ」に遭った際に身柄の返還を要求する交渉もまた、仲間たちの役割分担の一部であった。

戦時下の食料不足と配給制度のもとで、表向きは存在しない潜伏ユダヤ人に対して、日々の食料を確保するのは至難の業であった。闇市で食料の入手に奔走し、潜伏者の日々の身のまわりの世話をすることも救援仲間たちの重要な役割であった。長い潜伏生活のなかで体調を崩しても、ユダヤ人たちは医師にかかることができない。発病した彼らをひそかに治療するのは医師ヘルトの役割だった。

救援仲間たちの働きがとくに重要な意味をもったのは、ユダヤ人の強制移送が本格化する一九四二年以降である。だが、仲間のなかにはもっと早くからヴァイトやユダヤ人従業員たちに手を貸していた者もいた。ヴァイトが多数のユダヤ人を強制労働から保護することができたのは、そうした仲間の貢献によるところも大きかった。では、彼らはどのような方法でヴァイトを支援したのか。初期のヴァイトの救援活動に対して、とくに重要な役割を果たしたと思われるポルシュッツとゲルナーを例に、仲間たちの協力の実態を見ていくことにしよう。

娼婦ポルシュッツ

ヴァイトの協力者のなかでも、ヘドヴィヒ・アントニー・ポルシュッツ（一九〇〇－一九七七）はもっとも多彩かつ危険な役割を自ら進んで担った女性である。ヴァイトと出会った当時、彼女は娼婦であった。しかも、単なる娼婦ではない。売春に加えて闇の商いも生業とした彼女は、いわゆる裏社会ともつながりがあった。詳細は不明だが、一九三四年一月には恐喝罪で禁固十か月の刑に処せられている。

ポルシュッツの存在なしに、ヴァイトが多数のユダヤ人たちの日常を支えることは不可能だったと思われる。彼女はヴァイトのためにしばしば闇市での取引を代行した。作業所で製造された箒やブラシを闇市で高値で売り、その対価で香水や酒、煙草、食料品等を手に入れては、賄賂に使う品やユダヤ人のための食料を調達した。さらに、一九四二年以降ドイツ国内でも強制移送が激化すると、ポルシュッツはインゲのために偽りの身分証明書を入手し、弱視の従業員マリアンネ・ベルンシュタインと双子の妹アンネリーゼをはじめ、ヴァイトの依頼で何人ものユダヤ人を自宅アパートに匿っている。

ポルシュッツ、旧姓フェルカーは一九〇〇年、ビール醸造所で働く父ヘルマン・フェルカーと母ヘドヴィヒのもとに生まれた。商業学校を卒業したあといくつかの会社で事務職員として働き、二十六歳のとき一歳年下のトラック運転手ヴァルター・ポルシュッツと結婚している。

ポルシュッツの生涯には謎が多く、写真の一枚さえ残っていない人物である。彼女がいつ頃から売春を生業とするようになったかさえはっきりしない。ただ、その理由が貧困であったことはおそらく間違いないだろう。

ポルシュッツとヴァイトとの関係は独特である。ふたりは建前上は、雇用主と従業員の間柄にあった。彼らがいつ頃どこで知り合ったのかは定かでない。闇市には、以前からヴァイトもしばしば足を運んでいたことから、ふたりの出会いは闇市だったかもしれないとの推測もある。ともあれ、ポルシュッツは一九四〇年には従業員としてヴァイトに雇われている。当初の「肩書」は倉庫番だったが、一九四三年には作業所の速記タイピストとして、正式に月額一七五マルクの賃金も受け取るようになった。もっとも、現実にポルシュッツがヴァイトの作業所で働いていた形跡はなく、この雇用関係は、ポルシュッツが娼婦として「自由に活動を続ける」ためのカモフラージュにすぎなかった。ヴァイトから賃金を受け取るようになったあとも彼女が娼婦を続けたのは、経済的理由に加えてそれが救援活動を行ううえでも必要な行為だったからだと思われる。

彼女に命を救われたベルンシュタイン姉妹によれば、ポルシュッツが取っていた客はいずれも一見の相手ではなく、以前からの馴染みだったという。しかも彼女のアパートは、警察本部のまさに目の前にあった。詳しくは後述するが、当時のドイツで娼婦はれっきとした取り締まりの対象である。常識的に考えれば、彼女は自分にとってもっとも危険な場所で暮らしていたことになる。

これは推測だが、ポルシュッツは馴染み客である男性たちから、食料等の物資やユダヤ人の手入れ等にかかわる情報を得ていた可能性がある。実際に、彼女はある客から食料の配給券を受け取っていたこともわかっている。さらに穿った見方だが、もしかすると客のなかには警察署員もいたかもしれない。相手が娼婦だと思えばこそ、客のなかには一種の油断と安心感で「うっかり」職務上の機密を洩らす者もいただろう。そのように考えれば、彼女の行動の辻褄が合う。

3-14　ポルシュッツが晩年を過ごしたアパート。2010年、このアパートの入り口に、かつてここにポルシュッツが暮らしたこと、ナチスの時代に彼女がユダヤ人救援活動にかかわったことを記録したささやかな碑が取りつけられた

3-15　ポルシュッツのユダヤ人救援活動を記した記念碑

戦後のドイツ国家は、ヴァイトから賃金を得るようになってからも娼婦を続けた彼女を不道徳な女性と断じた。ユダヤ人救援という人道的行為に対しても、ふしだらな女性の取るに足らない行動と長い間切り捨てられてきた。ポルシュッツに対するこうした評価は、人間の行動の正邪を第三者や国家が正しく評価することがいかに困難かを示す事例といえるかもしれない。

　ポルシュッツがなぜ、ユダヤ人を救う活動に手を貸したのかは不明だが、ヴァイトの妻エルゼはのちに、ユダヤ人救援活動への協力は夫のほうからポルシュッツにもちかけた話だったと語っている。ということは、表面上の雇用関係もヴァイトからの提案だったと考えて間違いない。

　前科のある娼婦としてただでさえ警察の監視下にある彼女にとって、ユダヤ人救援活動というさらなる危険を冒すことがどれほど重い決断であったかは想像に難くない。しかも、当時出征中であった彼女の夫ヴァルターは熱心なナチスの信奉者であった。売春を「人間の恥」とみなし、娼婦を厳しく取り締まったナチスをポルシュッツ自身が良く思っていたはずはないとしても、ヴァイトに協力するということは、夫にさえ口外できない重い秘密を背負うことであった。彼女は生命の危険はもとより、家族から引き離される精神的孤独を承知したうえで、ヴァイトの仲間になったのである。

ナチス社会と娼婦

ところで、ヴァイトとポルシュッツはなぜ、いわば実態のない雇用関係を結ぶ必要があったのだろうか。この疑問を解くためには、当時のドイツで娼婦がどのような立場に置かれていたかを理解する必要がある。

売春は、ヒトラーがもっとも忌み嫌った行為のひとつであった。ワイマール共和国時代のドイツでは、娼婦は保健局への登録を義務づけられてはいたものの、それは性病撲滅のためであって売春それ自体を取り締まるためではなかった。だが、ナチス政権が成立すると状況は一変する。売春を「人間の恥」とみなしたヒトラーは、娼婦の取り締まりと処罰を厳格化した。刑法上の規定も強化され「公然と人目を引くような、あるいは個人や公衆を侮辱するようなやり方でみだらな行為を誘ったり、自らそうした行為の提供を申し出る者」は禁固刑の対象となった。

この条文が曖昧なのは、売春行為そのものを禁じているのでなく、「公然と人目を引くような」行為を禁じている点である。そもそもこの問題に限らず、ナチスの政策や法律には、解釈次第でどのようにでも運用できる曖昧なものが数多くあった。事実上、ユダヤ人への同情や厚意を禁じた「悪意法」も、まさにそうした曖昧な法律のひとつである。

結局、「公然と人目を引くような」やり方とは何をさすのかは明確にされないまま、この文言は娼婦たちを取り締まるためにしばしば都合よく拡大解釈された。

さらに、売春に対する取り締まりはこれだけでは済まなかった。

一九三三年五月に性病撲滅のための法律が改正されると、「目立つ」女性や「頻繁に交際相手を変える」女性は、保健局によって厳しい義務を課せられたが、それよりも娼婦たちにとって深刻だったのは、一九三七年十二月の「犯罪予防のための告示」であった。例によって「職業的な、あるいは常習的な犯罪者でなくとも、反社会的な行為によって公衆を危険にさらす者」という曖昧な規定によって、以後、娼婦たちは警察が「公衆を危険にさらす」と判断しさえすれば「予防拘禁」という名目で強制収容所に送られたのである。反社会的とは要するにナチス国家に適応できない人間という意味だが、実際に想定されていたのは物乞い、シンティ・ロマ、娼婦、アルコール中毒患者、保健局の指示に従わない伝染性疾患の罹患者等だった。とくに女性の場合、予防拘禁の対象となった六割以上が「性的軽犯罪」によるもので、そのうちの半数以上が娼婦だったという。

第二次世界大戦が勃発すると、娼婦に対する監視と迫害はさらに強化された。娼婦には広範な義務が課せられ、たとえ些細な違反でも見つかれば強制収容所に送られた。全員が娼婦だったわけではないものの、一九四〇年には九一八人もの女性が予防拘禁の対象となった。娼婦という職業に加えて、恐喝罪の前科もあるポルシュッツは、ほかの娼婦たち以上に慎重に振る舞う必要があった。彼女にとってヴァイトの作業所の従業員という身分は警察の目をかわすために不可欠の隠れ蓑だったのである。

印刷工場主ゲルナー

ヴァイトの協力者には、ポルシュッツのようにもっぱらヴァイトの活動に協力することでユダヤ人の救援にかかわった者もいたが、ヴァイトへの協力とは別に、自身でも反ナチ活動や被迫害者の救援活動を展開していた者も少なくなかった。彼らは互いに、ユダヤ人を保護するために必要な物資や隠れ家等を融通し合った。さらに、ユダヤ人の収容所移送が本格化するとゲシュタポの行動や強制移送の予定等、重要な情報を共有して助け合った。

ヴァイトと同じハッケシャー・マルクトで小規模の印刷所を経営していたテオドール・ゲルナー（一八八四―一九七二）は、広範囲にわたる反ナチ活動と豊かな人脈という点で、ヴァイトの救援仲間のなかでも際立った存在である。

3-16　テオドール・ゲルナー

十二人きょうだいの九番目の子どもとして生まれたゲルナーは、経済的理由からギムナジウムに進学することはできなかったが、頭脳明晰で、独学でさまざまな能力を身につけていた。少年時代のゲルナーは、誰に教わったわけでもなく自然に植字や印刷技術を覚え、見よう見まねで楽器を演奏し、さらに複数の外国語まで修得していたという。こうした多彩な能力は、とりわけ若い時代の彼の生活を支えるうえで大いに役立った。

ゲルナー自身は確信的な社民党の支持者だったが、彼の人脈は多岐にわたり、その範囲は社民党の支持者から共産主義の反ナチ活動者、さらには闇取引の関係者にまで及んだ。

ゲルナーの人間関係でとくに興味深いのは、いずれもよく知られる大規模な反ナチグループであった「ローテ・カペレ」や「ゼフコフ・グループ」、「バウム・グループ」等とつながりがあったことである。とりわけ、ローテ・カペレの中心メンバーであるハロ・シュルツェ＝ボイゼン（一九〇九–一九四二 プレッツェンゼーで刑死）とは、一九三〇年代初頭からすでに接点があった。

3-17　ハロ・シュルツェ＝ボイゼン

ナチスの時代には、ドイツ国内にさまざまな反ナチグループが存在していた。共産党や社民党等、特定の政治信条をもつ者たちの集まりもあれば、教会の信者たちによるグループもあった。「白バラ」グループのように学生たちの小規模な集団もあれば、被迫害者であるユダヤ人やシンティ・ロマによるグループもあった。前述のローテ・カペレやゼフコフ・グループ、バウム・グループはいずれもそうしたグループのひとつだった。なかでもローテ・カペレについては、戦後も長い間共産主義者の集団とみなされてきたが、今日では自由を抑圧するナチスへの怒りを共有する無名市民たちの緩やかな連合体だったことが知られている。

反ナチの意思を示す手段はグループによって異なっていたが、ビラ撒きと被迫害者の救援は多くのグループで活動の中心だった。印刷業者であるゲルナーは、ビラ等の印刷に際してとくに重要な役割を果たしたと考えられる。

では、ヴァイトとゲルナーの間にはどのような協力関係が存在したのか。ごく近所で工場を経営していたふたりは、日頃から密接に連携しあっていたと想像されるが、残念ながらその詳細は明らかでない。ただ、ヴァイトがゲルナーを介してローテ・カペレ等の反ナチグループとつながりをもっていた可能性は十分に考えられる。大規模グループとの結びつきは、ヴァイトにとっても、救援活動を維持するために必要な情報、資金、人脈等を得るための重要な手段だったはずだからである。

さて、多岐にわたったであろうヴァイトとゲルナーの連携については、不明な点も多いが、把握されている事実もある。そのひとつが、インゲの母エラの救援である。ヴァイトと同様に「戦争の遂行に不可欠な企業」の認可を得ていたゲルナーは、それを隠れ蓑としてユダヤ人をはじめ、ナチスが迫害の対象とした人びとを精力的に雇い、強制労働から守った。さらに収容所移送が本格化すると、移送を逃れて潜伏するユダヤ人（詳細については第四章で後述）を偽名で雇い、彼らの生活を支えた。

一九四三年の夏、ゲルナーはヴァイトからの頼みでエラをエラ・リヒターという偽名で雇用した。インゲとエラの親子は、その半年前から小さなクリーニング店を営むフランツ・グンツとその妻をはじめ、複数の救援者に支えられて潜伏生活を送っていた。グンツ夫妻は、エホバの証人の信者として明確な反ナチの意思をもっていた。エホバの証人は、その教義のゆえにナチスに忠誠を示さず、人種法に従わず、徴兵を拒んだ。ナチスがエホバの証人の信者たちに対し、いかに過酷な迫害を行ったかはよく知られた事実である。

ともあれ、ゲルナーの印刷所に雇われたことで、エラは賃金に加え「ドイツ人として」食料の配給も受け取ることができるようになった。終戦直後、エラはゲルナーに宛てて次のような感謝の手紙を送っている。

ポツダム、一九四五年八月二十六日

親愛なるゲルナー様

私には今、こうしてあなたに感謝をお伝えすることしかできません。潜伏者として過ごしてきた歳月、あなたが私に必要な援助を与えてくださったことに心からお礼を申し上げます。私が生活できたのは、ひとえにあなたが私をご自分のもとで働かせるという危険を冒してくださったおかげです。あなたの善意のおかげで、毎日温かい食事をいただくことができただけでなく、私たちが長い間目にしたこともなかったような貴重な食べ物もたくさんご馳走になりました。それは私たちが生き延びるために本当に重要なものでした。

重ねて心からの感謝とともにご多幸をお祈りいたします。

エラ・ドイチュクロン

（エラ・ドイチュクロン「手紙」一九四五年、筆者訳）

エラ以外にも、ヴァイトの依頼によってゲルナーが雇用したユダヤ人がいたかどうかははっきりしないが、その可能性は大いにあるだろう。インゲは戦後になって、ヴァイトは自分の作業所で雇いきれないユダヤ人を、信頼のおける友人の経営者たちに渡りをつけて、こっそり雇ってもらっていたと証言している。つまり、ヴァイトが働く場所を提供した「一六五人のユダヤ人」は、全員が彼の作業所で働いていたのではなく、ヴァイトを介して仲間の工場や作業所に雇ってもらった人びとを含めた人数だったのである。信頼のおける友人の経営者たちとは、ユダヤ人を奴隷扱いせず、ヴァイトと同様に彼らをひとりの人間として尊重する人びとのことである。ゲルナーがそうした「友人」たちのひとりであったことは間違いない。

興味深いことに、そうした「信頼のおける友人」のなかにはナチスの党員もいた。インゲは、イー・ゲー・ファルベン社からヴァイトの作業所に移った当初、フリッツ・クニープマイヤーという人物が経営する盲人作業所に一時的に預けられている。実際のところ、ヴァイトの作業所では人手は十分に足りており、彼女に与える仕事が何もなかったからである。

クニープマイヤーはナチスの党員であった。だが、ヴァイトはクニープマイヤーに信頼を寄せ、クニープマイヤーもまた、ヴァイトの信頼に応えた。ヴァイトはインゲがユダヤ人であることを伝えたが、クニープマイヤーはそれを自身の胸中にとどめ、従業員たちにも口外しなかった。そのおかげでインゲはユダヤ人強制労働者としてほかの従業員から差別的な扱いを受けることはなかった。それだけではない。クニープマイヤーはインゲに好意をもち、日々の食物にも事欠く苦境に同情して自宅からこっそり食べ物をもってきてくれたことさえあった。

ナチ党員のクニープマイヤーをヴァイトがなぜ信頼していたかは定かでない。もっともナチ党員の数は最終的には八百五十万人にも膨れ上がったのだから、一九四〇年代ともなれば、党員だからといって必ずしもヒトラーの信奉者とは限らなかった。むしろ独裁政権のもとで身を守るための方便だったと考えるほうが妥当かもしれない。いずれにせよ、救援者としてのヴァイトが決して孤独ではなかったという事実は重要である。ユダヤ人救援活動はヴァイトに、命がけの絆で結ばれた多数の仲間をもたらしたのである。

パパ・ヴァイト

ヴァイトと強い絆で結ばれていたのは救援仲間だけではなかった。ユダヤ人の従業員たちもまた、ヴァイトにとって単に保護しなければならないだけの存在ではなかった。彼らはかけがえのない友人であり、反ナチの意思を共有する同志であり、ときに心の支えでさえあった。

ユダヤ人たちにとっても、それは同じだった。彼らは、自分たちのためにあらゆる努力を尽くしてくれるヴァイトのことを、尊敬と情愛を込めて「パパ」と呼んだ。しかも、彼を頼って集まったユダヤ人には、ナチスの台頭までは比較的裕福な生活を享受してきた中産階級の者も多かった。階級社会に強く反発する一方で、ヴァイトが高い教養や経済的豊かさをもつ人びとに憧れを抱いてきたことは、彼の半生から明らかである。貧しい家庭に生まれ、挫折と苦難の連続を生きてきた労働者階級のヴァイトにとって、平和な時代であれば親しくなる機会さえなかった人びとが自分を頼り、敬意をもって接してくれることは誇りでも喜びでもあった。
ヴァイトとユダヤ人たちの間に結ばれていた絆とは、どのようなものだったのだろうか。ヴァイトの秘書アリスは、こんなことばを残している。

ハロー。ハロー。こちらベルリン！
どうか注意深く耳を傾けてください
これから一時間にわたって
バラエティに富んだ番組をお送りします

紳士淑女の皆様。これから皆様に、あるお話をお伝えしたいと思います
それは公共の電波に乗せてお送りすることはできません
人から人へと伝言していただくほうがよいのです

否定することはできません
これはれっきとした事実なんです
私たちは同じドイツ帝国に暮らしています。でも、そのなかで私たちは私たち自身の国家を築いているのです
そう。たとえばヴァイト大統領です

その名は広く知れわたっています
もう一年以上も前から彼は自分の周りに
大勢のユダヤ人を集めています
悲しみも喜びも分け合って
もっと良いときがくるようにと案じ、願っているのです

なるほど彼は箒やブラシを作っているかもしれません
でもそれは仮の姿にすぎないんです
彼自身が言うように
「俺は、革命家だ！」

（アリス・リヒト「詩」一九四三年一月、筆者訳）

冒頭の「ハロー。ハロー。こちらベルリン！」は、当時ベルリンで放送されていたラジオ番組で使われていた定番の呼びかけである。この文章のなかで、アリスはヴァイトとユダヤ人たちの人間関係を共和国にたとえ、従業員たちを救おうとするヴァイトの行動を自国民の安全に責務をもつ大統領のそれになぞらえた。しかもアリスは、ヴァイトのユダヤ人救援活動を「革命」だとまで語っている。

ヴァイトがなぜユダヤ人救援活動に身を投じたのかについて、彼自身ははっきりと語っていない。だが、若い時代の労働運動への傾倒、あるいはクレマートやゲルナー、ダイベルといった救援仲間た

ちとの信頼関係からみても、彼が共産主義か少なくとも社会主義に近い思想をもつ確信的な反ナチ者であったことは間違いない。第二章で取り上げた共産主義の盲人パウル・リヒターがまさにそうであったように、ヴァイトにとってもまた、ユダヤ人救援は目の不自由な彼がなし得る精いっぱいの反ナチ行動だったのだろう。そう考えれば、彼の活動を「人道」や「良心」だけでなく、「革命」と表現してくれたアリスのことばは、ヴァイトにとって何にも勝る賛辞であったに違いない。

アリスのこの散文は、ユダヤ人救援活動に対するヴァイトの真意や彼とユダヤ人との関係をきわめて端的に言い当てたものといえるだろう。

結び合う魂

だが、アリスはなぜ、これほど深くヴァイトを理解することができたのか。実は、この散文には続きがある。

　だから、彼はマリー・クザンケちゃんを呼び寄せたのです。今日のスローガンは社会主義だと、
ごく幼いときから教え込まれてきた彼女を
それは本当に、クザンケの中核を成す思想だったのです
その思想はきっと今も変わることはなかったでしょう
もしハンス君がクザンケをゲームに誘わなかったならば
今、彼女は言うのです。政治は男性のものだと

女性には、愛情というもっと良い手段があるのだと

（同書）

文脈から察する限り、文中の「クザンケちゃん」とはアリス自身を、「ハンス君」とはヴァイトをさす偽名であろう。実はヴァイトがアリスを雇ったのは、きつい強制労働から彼女を守るためだけではなかったようだ。詳細は明らかでないが、もともと社会主義者であり、秘書としての専門教育も受けていたアリスを呼び寄せたのは、むしろヴァイトのほうだったらしい。美しく、聡明なアリスは秘書としてヴァイトを支えた。インゲによれば、ヴァイトは闇取引によって潤沢な利益を得ていたが、そこにはアリスの貢献も大いにかかわっていたという。

ヴァイトにとってアリスはどんな存在だったのか。一九四二年七月、アリスの二十六歳の誕生日にヴァイトはこんな詩を贈っている。

忠実なる同志としての意識　それこそが根底にあったもの
今——あなたこそがわが人生の意味
今——あなたの赤い唇に口づけする
そして知る　わが人生が無益でなかったことを
いつでも　あなたのいるところに

私はいるだろう
いつでも　あなたの影となりあなたに寄り添う
わが命が尽きるとき
わが意志と願いが　あなたを導くだろう

（オットー・ヴァイト「詩」一九四二年七月、筆者訳）

この詩を見て、読者はヴァイトの人間像をどのようにイメージするだろうか。この詩を書いたとき、ヴァイトはすでに五十九歳になっていた。視覚障害に加え、すでに重い心臓疾患を患ってもいた。だが、ここから読み取れるのはまるで青年のような瑞々しい生命力であり、朗らかな情熱の発露である。絶えずゲシュタポや密告者を警戒しなければならない過酷な日常のなかで、アリスの存在はヴァイトの魂をひととき解放してくれる清涼剤だったのだろうか。裕福な家庭で大切に育てられてきた若く美しいアリスは、ヴァイトにとって、自分には手の届かなかったすべてをもつ人間に見えたとしても不思議はない。そのアリスが自分の反ナチの意志に共感し、ユダヤ人に対する厚意を「大統領」とまで称えてくれた。それはヴァイトにとって、自らの人生を肯定し、自己に対する誇りと確信をもつ何よりの根源となったに違いない。

では、アリス自身は彼女に対するヴァイトの情熱をどのように受け止めていたのか。今となっては知る術はない。当時のアリスについて、インゲはのちに「模範的に振る舞い、オフィスでのヴァイトさんだけでなく、男性としてのヴァイトさんの心も征服していた」と語っている。ふたりの間に恋愛関係が存在したのかは定かでないが、ヴァイトがいうように、少なくとも「同志」として互いが強く結びついていたことは事実だろう。両親の愛情を一身に受け、何不自由なく育ったアリスは、しかしナチス政権下の過酷な日々のなかで庇護を求めるだけの弱い女性ではなかった。実は彼女はすでにヴァイトと出会う以前から、反ナチグループに所属し、共産主義のドイツ人やユダヤ人同胞たちとともに地下活動を行っていた。

階級間格差が厳格に存在した当時のドイツにあって、社会階層の異なる者同士が理解し合うことの困難さは、インゲやアリスが強制労働先のイー・ゲー・ファルベン社で経験した戸惑いからも見てとれる。歴史に「もし」は禁句であるが、ヴァイトとアリスもまた、異なる世界を生きてきたふたりであり、もしナチスの台頭がなかったならば、そしてもしユダヤ人の迫害がなかったならば、決して出会うことはなかっただろう。ナチスはユダヤ人であるアリスから、将来への夢を奪い、豊かだった日常を奪い、人としての誇りをも奪った。幼少期から疑うことなくたくさんの豊かさを手にしてきた彼女が、その多くを失ったことによって、自己にとってもっとも大切なものとは何か、最後まで他者に奪われることのない人生の核心とは何かを、より峻厳に見つめるようになったとすれば、たびたびの挫折にも屈せず、障害を得てもなお自らの意志に忠実であり続けるヴァイトの姿に共鳴するのは自然である。

ともあれ、ヴァイトとアリスの間に交わされた深い人間的交流は、ともすればユダヤ人救援活動を単純な「英雄的行為」としてのみ捉えがちな現代の私たちに、救う側と救われる側との間にもっと自然で、根源的な人間同士の結びつきがあったことを教えてくれるものである。

ユダヤ人もドイツ人もない、俺たちは同じ人間だ

一九四二年春。インゲとアリスがヴァイトの作業所に来てから、一年近くが経過していた。すでに前年の秋には、強制移送が始まっていた。一九四一年十月十八日、ベルリンで最初の東方移送が行われた。連れ去られた一〇一三人のユダヤ人のなかには、作業所の従業員だった三十五歳の盲人クルト・アブラハムもいた。アブラハムは一旦はウッチ（現在のポーランド領）にあるゲットー（ユダヤ人隔離居住区）に連行されたが、七か月後にはヘウムノ（現在のポーランド領）の絶滅収容所に移送され、そこでガス殺された。ヘウムノは人間を殺害するためだけに設立された最初の収容所であった。ウッチ・ゲットーで「労働不能」とみなされたユダヤ人は五十五キロほど離れたヘウムノに連れて行かれ、特殊な改造を施したガス・トラックで「処理」されたのである。

強制移送、そして死への足音が迫るなかで、ヴァイトも従業員たちも作業所のなかにひとときの安らぎや平凡な日常を必死に見いだそうとしていた。

一九四二年五月、ヴァイトは作業所の一室で自分の誕生日を祝う夕べの集いを開いた。インゲによれば、そこにはヴァイトの「お気に入りの従業員たち」が招かれ、ささやかな宴のひとときをともにしたという。インゲのいう「お気に入りの従業員」とは、アリス、インゲ、そしてヴェルナー・バッシュの三人であった。先に述べたように、三人はいずれも箒やブラシ作りの職人としてではなく、ナチスが禁じた事務職員としてヴァイトのもとで働いていた。祝いの席には、ヴァイトの救援仲間でユダヤ人協会職員のローゼンタルも招かれた。ヴァイトがローゼンタルを招いたのは、ローゼンタルがインゲの恋人だったからである。この頃ユダヤ人はすでに、日常のあらゆる場面で行動を厳しく制限

されていた。若者たちは、恋人や友人と自由に会い、語り合うことさえできなかった。ヴァイトは若いふたりのロマンスを喜び、少しでもふたりがともに過ごす機会をもてるように気を配った。もっともローゼンタルは十九歳のインゲより二十歳近くも年上だったから、すでに「若者」と呼べる年齢ではなかったが。

インゲはローゼンタルの知的で洗練された振る舞いや穏やかな人柄に惹かれていたが、それよりも当初、彼女がローゼンタルと親しくなったのは、インゲに対するバッシュの好意をかわすためだったらしい。作業所で会計を任されていたバッシュには、イルゼという妻がいた。だがふたりの結婚生活は円満ではなく、バッシュはインゲに好意的な態度をとるようになっていた。

インゲをめぐるバッシュとローゼンタルのエピソードは、死への恐怖にさらされてもなお、彼らの日々の営みには、誰かに好意を寄せ、あるいは嫌悪するといったごく日常の感情が息づいていたことを物語る。もっともその感情を、平和な日常のなかでの「恋愛」と単純に同一視してしまうことは短絡的だろう。当時、多くのユダヤ人たちにとって結婚の目的はたったひとつ、孤独から逃れるためだったとのちにインゲは語っている。

さて、ヴァイトの誕生日祝いの席に話を戻そう。ヴァイトはアリス、インゲ、バッシュの三人の従業人たちに、ときおりこうして夕食を振る舞ったという。その席には、ローゼンタルやバッシュの妻イルゼも招かれた。肉はおろか極度に食料の配給を制限され、日々空腹にあえいでいる彼らのために、ヴァイトは闇市で肉を調達し、彼らの苦悩をひとときでも忘れさせようと努めた。

誕生日のその日、普段、事務机として使用しているテーブルには白いクロスがかけられた。作業所のあるハッケシャー・ホフの管理人をしていたディートリッヒ牧師の妻が、グーラッシュと呼ばれるハンガリー風のシチューを用意した。ユダヤ人たちにとって、夢のようなご馳走だった。彼らがあっという間にグーラッシュを平らげたことに気づくと、ヴァイトは満足そうに言った。

「さあ子どもたち！　たっぷり食べたまえ。おかわりがまだたくさん残っているぞ！」

ヴァイトはブランデーの瓶を二本、テーブルの上に置いた。

「今日は、すべての苦しみを忘れようじゃないか。今夜は憂鬱なことを考えるのはやめにしよう！」

精いっぱいの労りの思いを込めてヴァイトは言った。ヴァイトの誠意はインゲやアリスたちにも十分に伝わっていた。だがそれでも、そのことばは彼女たちに、ヴァイトと自分たちの間に厳然と立ちはだかる壁の存在を痛感させた。ひととき、苦しみを忘れる？　片時たりとも逃れることのできないこの恐怖と不安を、いったいどうすればたとえ一瞬でも忘れられるというのか。

一瞬の沈黙のあと、アリスがヴァイトを見上げて言った。

「お酒の力を借りれば、私たちユダヤ人の心も楽になるかしら」

「ユダヤ人」ということばに、ヴァイトは敏感に反応した。彼は懇願するように言った。

「お願いだ、今日はそれを言わないでくれ」

「そうだ、彼の言うとおりだ！」

ローゼンタルが声をあげた。

「今夜の俺たちは人間同士だ。ユダヤ人だろうと、ドイツ人だろうと、キリスト教徒だろうと、そんなこと関係あるもんか！　俺たちは、人間だ。ただそれだけだ」

この夜のことを、インゲは終戦から二十年近くが過ぎたのちも鮮明に覚えていた。彼女たちにとって、この晩の記憶は、暗黒の日々に灯された一瞬の灯火のようなものであったかもしれない。ヴァイトもユダヤ人たちも、こうしたつかの間の安らぎをともにすることで互いを鼓舞し、折れそうになる心を支えようとした。

だが、ユダヤ人を襲う最悪の状況は、すぐ目の前に迫っていた。

第四章　強制移送に抗して

1. 迫害から追放へ

最初の東方移送

一九四一年九月十七日、ヒトラーはついにドイツに住むユダヤ人の東方移送を決定した。東方移送とは、ポーランドやチェコをはじめ、ナチスがドイツ占領下の東方諸国に置いたゲットー（ユダヤ人隔離居住区）や収容所にユダヤ人を追放することである。

すでに夏頃から、ナチス高官の間でユダヤ人の東方移送を求める声が高まっていた。宣伝相ゲッベルスは、八月十九日から二十日にかけてヒトラーに東方移送の許可を求めている。しかし、このときヒトラーから移送の許可は得られなかった。ヒトラーにとって最大の関心事は、二か月前、ドイツの侵攻によって始まった独ソ戦であった。戦局の見通しがつくまで、戦地への重要な輸送手段である鉄道をユダヤ人によって塞がれることは避けねばならない。ゲッベルスに対し、ヒトラーはこのときソ連での作戦が終わり次第、ベルリンからユダヤ人を追放してよいと答えている。このことについて、ゲッベルスは日記にこう記している。

「総統は、ユダヤ人がドイツ中から徐々に取り除かれなければならないと信じていた。ユダヤ人から解放される最初の都市はベルリン、ウィーン、そしてプラハになるだろう。ベルリンは最初の都市になるだろう。私は、ベルリンに住むユダヤ人の大多数を今年中に東部へ追いやれればよいと望んでいる」

東方移送の開始は、ドイツのユダヤ人政策が迫害から国外追放の段階へと移行したことを意味していた。この時点でドイツにいたユダヤ人の数は十七万、そのうち七万三千人がベルリンにいた。彼らはかつてドイツ国民であった。ナチスによって彼らは国民としての資格を剝ぎ取られ、単なるドイツ居住者に貶められた。だがもはや、ユダヤ人は居住者であることすら許されなかった。彼らは物資のように貨物列車に詰め込まれ、国外のゲットーや収容所で過酷な労働を強いられた挙句、衰弱して使いものにならなくなれば「片づけられる」運命であった。ドイツ国内では、すでにイギリスによる爆撃が始まっていた。ユダヤ人の移送によって空き家になった家屋やアパートは、家を焼け出されたドイツ人たちに割り当てられた。

十月十八日、ベルリンで最初の東方移送が行われた。一〇一三人がウッチのゲットーに移送された。彼らはまず、レフェッツォフ通りにある集合収容所と呼ばれる場所（集合集合所の詳細については後述）に集められ、そこで身ぐるみを剝がれたあと貨物列車に乗せられた。このときの状況について、ベルリンと同様にウッチへの移送が行われたウィーンの記録が残っている。それによれば、移送に際して所持を許されたのはひとり五十キロまでの手荷物、シーツ、クッション、毛布、百マルクまでの現金だけであった。このとき、ウィーンのユダヤ人出国本部はユダヤ人共同体の代表者ヨーゼフ・レーヴェンヘルツに対し、次のように伝えている。

「空襲被害のアーリア人に住居を提供するため、旧ドイツ国、保護領、ウィーンのユダヤ人の一部をリッツマンシュタット（ナチス・ドイツでのウッチの名称）に移送する」

ところで、ベルリンで行われた最初の移送でヴァイトの従業員のひとりクルト・アブラハムもウッチに連行されたことはすでに述べたが、ヴァイトや従業員たちは、移送に関する情報をいつ、どのようにして知ったのか。

移送が行われる二日前の十月十六日、ヴァイトの作業所にひとりのユダヤ人協会職員が飛び込んできた。重大な知らせを伝えるためである。職員の名はカール・ヘフターといった。ヘフターとヴァイトは以前からの友人であった。ヘフターは作業所に来るや否やヴァイト、アリスとともにヴァイトの執務室に消えた。ふたたび執務室から現れたとき、アリスの顔は蒼白だった。ことばを絞り出すようにアリスは言った。

「数百人のユダヤ人が連行されることになったって……自宅にいるところを捕まえられて、東部の……収容所に送られるって」

「まさか。ただの噂に決まってるじゃない」

アリスのことばをインゲは即座に否定した。だが、アリスはなおも言った。

「違う。違うのよ。ヘフターは何が起こるか、きっと知っているんだわ。ユダヤ人協会の職員が移送リストを作成しなくてはならないって……」

アリスのことばは、作業所にいた従業員全員の心を打ち砕いた。収容所への移送が死に連なることをみな知っていたからである。

ヘフターは言った。

「このことは絶対に内密なんだ。でも、俺はもう黙っていられない。誰かに伝えなくちゃいけないと思って」

ヘフターの目には涙があふれていた。
「頼む。俺から聞いた話を誰にも口外しないでくれ」
この瞬間から、ユダヤ人を救うためのヴァイトの新たな闘いが始まった。必要なのは、もはやきつい労働からの保護などではなかった。強制移送、さらにその先に待ち受ける死からヴァイトは彼らを救わなくてはならなくなったのである。

移送者リストの作成

十月初頭、ドイツ・ユダヤ人連合の会長レオ・ベックのもとにゲシュタポから一本の電話が入った。電話の発信者は、ゲシュタポ・ベルリン支部の責任者フランツ・プリュファーであった。このときベックとともにゲシュタポに赴いたユダヤ人の女性弁護士マルタ・モッセは、のちに次のように語っている。

一九四一年十月一日か二日のことです。ゲシュタポから電話で呼び出しがありました。（中略）プリュファーは私たちに、ベルリンに住むユダヤ人の「移住」が始まること、ユダヤ人共同体はこれに手を貸さなくてはならないことを告げ、もし共同体が関与しないならば、ナチスの突撃隊と親衛隊がそれを行うことになる……そうなったらいったいどうなるか、わかっているだろうなと脅したのです。

（ベアーテ・マイヤー他『ナチス期のベルリンにおけるユダヤ人——水晶の夜から解放まで』）

ベルリンにおけるこの計画の責任者であるプリュファーは、ユダヤ人の移送計画をひそかに「居住スペースをきれいにする行動」と呼んでいた。彼がベルリンのユダヤ人に許した手荷物は衣類等ごく身のまわりの品に限り、しかもひとりあたりの上限は二十五キロだった。にもかかわらず彼は、現地に到着したあとは普通の生活が送れるとモッセたちに伝えたのである。

ユダヤ人協会とユダヤ教信徒共同体の代表者はその日のうちに話し合いをもった。結局、「とてつもなく重い不安を抱えながらも」、彼らはゲシュタポが「移住」と呼ぶこの計画への協力を決めたのである。彼らはなぜ、ナチスに協力することを決めたのか。モッセによれば、それは「もっと悪いことが起こるのを防ぐため」であった。自分たちが関与することで、少しでもユダヤ人同胞の利益を守れるかもしれないと考えたのである。そうした意識のなかにはもちろん、自分たちが関与することで、自分自身はもちろんのこと、家族や恋人、親しい友人等、身近な人びとを守れるかもしれないとの願いもあったろう。

東方移送への協力を決めたユダヤ人協会が真っ先に指示されたのは、三千人分のユダヤ人名簿を作ることであった。名簿の作成に際して、ゲシュタポは年齢や家族構成、職場、第一次世界大戦中の勲章の受賞歴等の情報を記載するよう指示してきた。ユダヤ人協会はランダムに三千人を選びだし、ゲシュタポに回答した。名簿に記載された三千人のうち、三分の一にあたるおよそ千人がゲシュタポによって選びだされた。こうして最初の移送者が決定したのである。

集合収容所《ザンメルラガー》

ユダヤ人の移送はどのようにして行われたのだろうか。

移送者リストに氏名が掲載されたユダヤ人たちは、まず「集合収容所」と呼ばれる場所に集められた。ナチス時代の「収容所」といえば、日本ではもっぱらアウシュヴィッツのような絶滅収容所のイメージが強いが、実際には殺害のみを目的とする絶滅収容所以外にも強制収容所、通過収容所等、機能の違いによっていくつかの種類が存在した。「集合収容所」とはそれまで地域で生活していたユダヤ人たちを一時的に集め、ひとまとめにして移送先に送り込むための準備と手続きの場であった。

ベルリン市内にもいくつかの集合収容所が存在していたが、主に使用されたのはグローセ・ハンブルガー通りとレフェツォフ通りに置かれた二か所の集合収容所であった。「収容所」とはいっても、新たに建設されたわけではない。グローセ・ハンブルガー通りの集合収容所となった建物は、もとはユダヤ人専用の老人ホームだったし、レフェツォフ通りの集合収容所にいたっては、なんとシナゴーグを転用したものだった。レフェツォフ通りのシナゴーグは、「水晶の夜」事

4-1　レフェツォフ通りの集合収容所。左手前

件の後も教会として活動を続けていたベルリン市内で四か所しかない教会のひとつだった。かつてユダヤ人たちの終の棲家であり、あるいは祈りの場であった神聖な建物を、ナチスはよりによってこれまでの生活と人生のすべてを剝ぎ取る検問所へと変貌させたのである。

では、その集合収容所でユダヤ人を待ち受けていたものは何だったか。一九四三年七月に自身が移送されるまで、グローセ・ハンブルガー通りの集合収容所で働かされていたローゼ＝マリー・シュナップというユダヤ人女性は、次のように回想する。

ここに連れてこられたユダヤ人たちは、まず部屋に一緒くたに押し込まれて、「身体検査」を待たなくてはなりませんでした。職員たちが「水門」と呼んだその身体検査では、金銭や貴重品が真っ先に没収されましたが、衣類はとりあえず本人の手元に残されました。身体検査が終わると、人びとは次の晩まで二階に押し込められ、入り口に鍵をかけられました。それは移送についてユダヤ人たちが互いに情報交換などしないよう、遮断しておくためでした。

（ハンス＝ライナー・ザントフォス『ベルリン・ミッテ地区とティアガルテンの抵抗運動』筆者訳）

ユダヤ人協会の職員たちは、自分たちも同じユダヤ人でありながら、ユダヤ人を街や住居から追い立てて集合収容所へと連行し、文字通り身ぐるみを剝ぐ作業の手伝いに駆り出された。さらにいえば、もとは教会や老人ホームであった場所を集合収容所として使えるように準備するのも、ユダヤ人協会に課せられた任務であった。むろん、だからといってユダヤ人協会職員の身が安全だったわけではない。彼らはいわば最後の被移送者として、同胞全員の移送が完了するまで自身の連行を猶予されているにすぎなかった。その間彼らは、親しかった友人や知人が連行されていく姿を日々目の当たりにし、しかも彼らの最後の財産を容赦なく没収する役目を果たさねばならなかった。ユダヤ人協会の職員のひとりジークムント・ヴェルトリンガーは、自身が見たレフェッォフ通りの集合収容所の光景をのちにこう語っている。

4-2　グローセ・ハンブルガー通りの集合収容所跡地に建てられたユダヤ人慰霊のモニュメント

ゲシュタポの命令で、私たちユダヤ人協会の職員は移送するユダヤ人たちを集めなくてはなりませんでした。千人から二千人の人びとを集め、彼らの周りを取り囲むようにして連行しました。ユダヤ人たちは真夜中に住居から集合収容所へ連れてこられたうえに、その夜のうちに移送されていく準備をしなければなりませんでした。これがレフェッォフ通りにあったシナゴーグの最後の姿でした。私は同僚に抱えられながら一晩中座り、移送されるユダヤ人たちから没収した財産目録と移送者名簿を作り続けました。心の引き裂かれるような夜の記憶を、到底忘れることはできないでしょう。それは今も目に焼きついています。自殺する者や、自殺を試みる者の姿は日常でした。大勢の女性が教会の二階席から大理石の床に飛び降りて、投身自殺をはかりました。（自殺を禁じる）神の家で起こった恐ろしい神への冒瀆は、まさに想像を絶するものでした。

（同書）

集合収容所に連れてこられたユダヤ人のなかには、幼い子どももいた。一九四一年十月から一九四二年の夏までレフェッォフ通りの集合収容所で働いていたエディット・ディエッツは、戦後になっても集合収容所での子どもたちの様子が脳裏に焼きついていた。ディエッツは幼稚園教諭の資格をもち、かつては小学生のための放課後クラブで働いていた。

子どもたちが集められた部屋は、耐えがたいほどの悪臭に満ちていた。子どもが二十人もいればいっぱいになってしまうような小さな部屋に、七十人よりももっと大勢の子どもが押し込められていたのだ。ゲシュタポはそのうえ、高齢者や虚弱な人びともみな、そこに詰め込んだ……私たちは子どもたちが常に何かをして忙しく過ごせるように心を配った。この子たちには恐ろしい未来が待ち受けているのだ。しかも、彼らのなかにはすでにそのことを理解できてしまっている子もいた……年長の子どもたちはひとりになりたがった……年少の子どもたちはママ、と泣き叫んだ。残酷にもこの子たちは、同じ建物のなかにいる母親から引き離されてここにいるのだ。

（同書）

こうしてユダヤ人たちは集合収容所でわずか一晩か二晩を過ごしたのち、貨物列車に詰め込まれてゲットーや強制収容所、のちには絶滅収容所へと移送されたのである。

グルーネヴァルト駅十七番線

集合収容所で恐ろしい夜を過ごしたユダヤ人たちは、多くの場合鉄道で移送された。列車は、大量のユダヤ人を効率的に収容所へと運ぶ重要な手段であった。彼らは駅までの道を歩かせられ、列車に押し込まれてゲットーや収容所に送られた。ユダヤ人は一般の乗客と同じように切符を購入させられたにもかかわらず、たいていの場合家畜同然に貨物列車にすし詰めに押し込まれた。鉄道で働く職員は、自分たちが日々輸送しているユダヤ人たちがどうなるのか知っていた。だが、彼らは職務に励み、誰ひとりとして辞職したり、抗議をしたりする者はいなかったという。

ベルリン市西部にグルーネヴァルトという駅がある。ドイツ語で「緑の森」という美しい名前をもつこの駅は、ナチスの時代、ベルリン在住のユダヤ人を収容所に移送する出発地として使われた。一九四一年十月十八日、ベルリンからウッチに移送された千人あまりのユダヤ人たちも、この駅から貨物車に乗せられてポーランドへと運ばれた。以後一九四五年三月まで、この駅を出発した移送の列車は百八十三本を数え、ここから移送されたユダヤ人の数は五万人に及んだ。なかでももともと貨物専用のプラットホームであった十七番線は、一万七千人のユダヤ人を直接アウシュヴィッツに移送した場所として、今日では、ナチスの時代を忘れないためのモニュメントとなっている。駅舎には次の

4-3　グルーネヴァルト駅十七番線。かつて収容所移送に使われていた線路が今も残されている

ことばが刻まれている。

十七番線
一九四一年から一九四五年まで
ドイツ帝国鉄道の列車によって
死の収容所へと運ばれていった人びとを記念するために

一九九八年一月二十七日
ドイツ国有鉄道によって設置される

プラットホームに上がると、すぐ目の前で途切れている線路に沿って、両脇にびっしりと鉄板が並んでいるのがわかる。全部で百八十三枚ある鉄板に刻まれているのは、この駅から移送の列車が発車した日付、行き先、そのとき移送されたユダヤ人の人数である。

従業員を移送者リストから削除せよ

一〇一三人ものユダヤ人を連行した東方移送は、ベルリンに住むすべてのユダヤ人に強い衝撃を与えた。だが、それはほんの始まりにすぎなかった。最初の移送が行われてから六日後の十月二十四日には早くも二度目の移送が実施され、一一四六人がウッチに送られた。さらにその三日後には三度目の移送が行われた。わずか半月足らずの間に、三千人を超えるユダヤ人が連行されたのである。

十一月になると、ウッチに加えてミンスク（現在のベラルーシ共和国領）、カウナス（現在のリトアニア領）、リガ（現在のラトヴィア領）も新たな移送先となった。結局、十月と十一月の二か月だけで七回の移送が行われ、七千人のユダヤ人が収容所に送られた。ベルリンに住むユダヤ人の十人にひとりに相当する人びとが、たった二か月で街から消えてしまったのである。

ヴァイトの作業所の従業員にも次々に移送の命令が届くようになった。最初の犠牲者アブラハムがウッチに連行されてから間もなくのことであった。盲人作業所の従業員アルフレート・レヴィが怯えた声で言った。

「ヴァイトさん……リストが届きました」

4-4　アルフレート・レヴィ
1941 年

レヴィは盲目の高齢男性であった。

彼のいうリストとは、「財産宣誓書」の提出を命ずる書類のことである。ナチスは東方移送に際して、ユダヤ人から全財産を没収する決定を下していた。移送が決まった者には、十六ページにも及ぶ膨大な「財産宣誓書」記入用紙が送りつけられた。この書類にあらゆる所有財産を記載し、提出することを求められたのである。ヒトラー政権の成立からすでに九年近くが経過していた。この間、あらゆる方法でユダヤ人の身分、賃金、財産を奪い、苦境に追いやってきたにもかかわらず、それでもまだ、ユダヤ人は隠し財産をもっているに違いないとナチスは疑っていた。裏を返せば、それはヒトラー台頭以前のドイツでいかに多くのユダヤ人たちが社会的成功を収めていたかを示すものでもあった。

この書類は、東方移送が決まった者に送られてくることを、ユダヤ人たちはすでに知っていた。

ヴァイトは言った。

「リストを寄越したまえ」

ヴァイトは、諦めなかった。彼はコートを羽織り、盲人用の杖を携えてひとりでどこかへ出かけて行った。怒りが全身にみなぎっていた。「きっとゲシュタポに行ったんだわ」アリスが言った。ヴァイトの帰りを待つ間、作業所のユダヤ人従業員に重苦しい沈黙が流れた。

やがて作業所に戻ってきたヴァイトは、震え続けているレヴィに言った。

「片づいたよ」

「片づいた?」

レヴィは混乱した顔で聞き返した。

「そうとも。ともかく、従業員たちを連れて行かれたら、いったいどうやって国防軍の注文をこなしたらいいのかね?」

ヴァイトのこのことばに、作業所にいたユダヤ人たちの緊張は一気にほぐれ、笑い声が起こった。ヴァイトがゲシュタポに掛け合い、レヴィを救ったのだと理解したからである。レヴィは感激のあまりヴァイトの手にキスしようとした。だがヴァイトはレヴィを寄せつけず、執務室に消えた。

しばらくして執務室から出てきたときのヴァイトは、誇らかな勝利者そのものの姿だったと、インゲはのちに回想している。

ヴァイトがどこで誰と交渉してきたのか、その状況がどのようなものだったのかを知る者はいない。「戦争遂行に必要な企業」としての立場を盾にとり、働き手が必要だと主張してレヴィを取り返したのは間違いないとしても、そうした主張だけでレヴィの名を移送者リストから削除できたはずはないから、もちろん賄賂を使ったのだろう。

ヴァイトはこれまでも巧みに賄賂を使い、ユダヤ人を保護してきた。インゲも、そしておそらく作業所で働いていたほかの大多数のユダヤ人たちも、賄賂を使えば雇うことができた。それに加えて国防軍からの注文をこなすことで、これまでは作業所と従業員を守ることができていた。だが、このときヴァイトは何かが大きく変わったことを直感したに違いない。ユダヤ人中央管理局所長のエッシュハウスを賄賂で籠絡し、インゲを雇うことに成功したのはほんの数か月前であった。想像を絶するほどの速さで状況が変わりつつあることを、ヴァイトは悟ったのである。

レヴィの感謝を受け流したのは、彼の身にふたたび同じ苦難が降りかかる可能性があること、そしてそのときまた彼を守れるかどうか、もはやわからないことを感じとっていたからだろう。それはレヴィだけではない。ほかの従業員たちについても同じであった。

だからこそ、ヴァイトは従業員たちにこう告げた。

「今回は成功したよ。でも、いったい次に何が起こるかわからない」

命の選別

ところで、始まったばかりの東方移送で、アブラハムやレヴィが真っ先に移送の対象となったのはなぜだったのか。

すでに述べたように、ユダヤ人協会がゲシュタポからの指示で選びだした最初の三千人は、基本的には「ランダム」に選ばれた人びとだったという。だが、だからといって完全にランダムだったと考えるのは現実的ではない。

高名な法学者であり、ユダヤ人協会の幹部でもあったコンラート・コーンによれば、最初の移送者は主として六十五歳以上の者のなかから選ばれたということだった。その後、移送者を選び出すための母集団は労働能力のない者、公的扶助を受けている者、シングルマザーとその子どもたち等、次々に変わったが、どうやらドイツの経済活動、とりわけ戦争の遂行に役立たないと判断された者から順に移送リストに掲載されていくらしいことは明らかだった。盲目であるうえに六十歳を超えていたレヴィは、「労働能力のない者」という烙印を押されたのである。

ユダヤ人協会職員のなかでも、移送者リストの作成に関与するのはごく一部の職員に限定されていた。インゲの恋人であるローゼンタルもまた、移送者リストの情報を知るひとりだった。ユダヤ人協会で幹部職員の立場にあった彼は、移送の計画について事前にヴァイトやインゲに情報を伝え、警告を促した。インゲが潜伏生活に入ると、「行方不明者」リストのなかから彼女の名前を削除し、捜査の手が及ばないようにも努めた。

移送の情報を知りうる立場にあったユダヤ人たちは、「働く能力」のアピールに加え、「どこで働いているか」が重要かもしれないと考えるようになった。インゲの母エラは娘の身を案じ、情緒不安定になっていた。トランジスタラジオのバッテリーを組み立てる工場で働いていたエラは、仕事の内容からみて当面自分は大丈夫だろうと考えていた。だが、ヴァイトの作業所で働く娘はどうなのか？「戦争の遂行に必要な企業」の認可があるとはいえ、細々と箒やブラシを作っているにすぎない盲人作業所をナチスが重視するとは到底思えなかった。その不安は、インゲ自身も同じだった。アーエーゲーやジーメンスのような大企業では、自社で働く強制労働のユダヤ人を連行しないようゲシュタポに申し入れているらしいとユダヤ人たちは噂した。戦争による人手不足が深刻化するなかで、どの企業でも労働力不足は経営上の死活問題だったからである。

削除された名前、加えられた名前

自社で働くユダヤ人を連行されたくないと考えたのは、アーエーゲーやジーメンスに限らなかった。ユダヤ人強制労働者の連行を防ぎたいと考えた事業者は、ドイツ国内のあちこちにいた。その理由はさまざまだった。安価な働き手を失いたくないという利己的な動機もあれば、こっそり受け取った謝礼と引き換えに、特定の従業員だけに便宜をはかろうとする事業主もあった。むろんそうした者たちだけでなく、少数ではあったがユダヤ人の命を守るために行動したヴァイトのような事業主もいた。事業主だけではない。ユダヤ人を恋人にもつドイツ人もまた、パートナーが移送者リストに掲載されないよう手を尽くそうとした。当初、ドイツ人と婚姻関係にあったユダヤ人のなかには「特権ユダヤ人」として移送の対象から外されている者もいたが、単なる恋人関係であれば、もちろんそんな配慮はない。

身近な者を移送から守りたいという願いは、ユダヤ人たち自身にとってはさらに切実だった。いかに自分と身近な者を移送者リストから遠ざけるかが、ユダヤ人にかかわるすべての人びとにとって重大な関心事となった。

だが、誰かの名前を移送者リストから削除することは、ときに、ほかの誰かを犠牲にする行為でもあった。削除された者の代わりに、しばしば別の者がリストに掲載されたからである。それは、移送予定者の数に変更が生じないようにするための辻褄合わせであった。

一九四二年四月、グルーネヴァルト駅で逮捕されたゼイ兄弟は、まさにそうした辻褄合わせによって他者の身代わりにされた実例である。レフェツォフ通りの集合収容所からグルーネヴァルト駅に連行されてきたレオ・ゼイとマックス・ゼイの兄弟は、発車直前の列車から飛び降りて逃げようとしたところを発見され、ゲシュタポに逮捕された。取り調べに対して、ふたりは本来自分たちは移送の対象ではなかったと訴えた。彼らの主張によれば、ふたりはケーテ・ツェーネル社という既製服製造会社の工場で強制労働に従事していた。その同じ工場で働くユダヤ人夫婦が移送者リストに掲載された。夫婦は金の腕時計を工場長に差し出し、どうか助けてほしいと訴え出た。

工場長はこの夫婦を助けてやろうと考えた。見返りに差し出された金時計のためだったのか、それとも彼らに対する同情のためだったのかはわからない。ともかく、夫婦の氏名を早急に移送者リストから削除しなければならなかった。

工場長が頼った相手は、あのユダヤ人中央管理局所長エッシュハウスだった。以前、賄賂と引き換えにインゲがヴァイトの作業所で働くことを許可した人物である。エッシュハウスはそれまでにもたびたび、この工場長から賄賂を受け取っていたらしい。ふたりの間にどのようなやりとりがあったかは不明だが、とにかくエッシュハウスは工場長の願いどおり、移送者リストから夫婦の氏名を削除した。そして夫婦の身代わりとしてゼイ兄弟をリストに加えたのである。

ゼイ兄弟の証言によってエッシュハウスは逮捕され、収賄罪で裁判にかけられる。

だが、ゼイ兄弟はなぜ、自分たちが同僚夫婦の身代わりにされたことを知っていたのか。それは彼らが以前からエッシュハウスをひそかに監視していたからである。ふたりはあるとき、エッシュハウスが配給券なしに工場の製造品である外套を受け取っているところを偶然目撃し、以来、たびたび工場に姿を現す彼の様子を注意深く観察するようになった。彼らの証言によれば、エッシュハウスは成人用も子ども用も、男性用も女性用もお構いなしに洋服を受け取っていたらしい。実際、逮捕後のエッシュハウスの自宅からは新品の洋服が大量に押収された。ゼイ兄弟はエッシュハウスの弱みを握ることで、自分たちの身を守る切り札として使おうとしたのだろう。

結局ふたりはザクセンハウゼンの強制収容所に移送され、そこで死亡してしまうのだが、その行動は、ユダヤ人たちがただ黙してナチスの脅しに屈したわけでなかったこと、強かに生き延びようと試みた名もなき人びとがいたことを示す証といえるだろう。

繰り返された救出

一九四二年一月のある日、ゲシュタポのトラックが盲人作業所のあるハッケシャー・ホフの中庭に止まった。そのときの様子を、インゲはのちに次のように語っている。

ある日、家具用トラックが建物の中庭に乗り入れると、二人のゲシュタポの役人が飛びおりてきました。そして作業所まで階段を駆け上がって、大声で叫んだのです。「目の見えないものたちは仕事を終わりにしろ。みな連れて行くぞ」そして、従業員がひとりも逃げることがないように、出口のほうに大股で向かいました。

（インゲ・ドイチュクローン『私を救ったオットー・ヴァイト――ナチスとたたかった真実の記録』藤村美織訳）

もっとも、当時インゲは現場にはいなかったから、この回想はその後ヴァイトやほかの従業員から聞いた内容の伝聞である。インゲによれば、この日作業所にゲシュタポが現れたのは、ベルリンに住む障害のあるユダヤ人全員を東方に連行することが決定したためであった。ゲシュタポの役人はヴァイトの抗議を無視し、「われわれには、障害者たちを連行する義務があるだけだ」と吐き捨てると、盲のユダヤ人たちをあっという間にトラックで連れ去った。

ヴァイトは即座に作業所を飛び出していった。そして数時間後、彼はふたたび従業員たちを伴って戻ってきたのである。歯科医に行く道中で偶然彼らを目撃したアグネスという修道女は、のちに「胸にダビデの星をつけた箒職員たちが、互いにつかまり、支え合いながらオットー・ヴァイトを先頭に歩いて行った」と語っている。ヴァイトが連れ戻した従業員の人数ははっきりしないが、二十人ほどだったという近隣住民の目撃証言がある。

こうしてヴァイトはふたたびゲシュタポとの交渉に成功し、従業員を取り戻した。このとき実際にゲシュタポと交渉したのがヴァイト自身だったのか、それともヴァイトの依頼を受けた救援仲間の誰かだったのかははっきりしない。いずれにせよ、ナチスとの交渉は、大きな危険を伴う行為であった。交渉相手の見極めを誤れば、ユダヤ人を守るどころか、ヴァイトや救援仲間たちの逮捕にもつながりかねなかった。交渉にはもちろん賄賂が必須であったが、いかに人道的な目的のためとはいえ、要するに贈賄であり、発覚すれば受け取る側の役人も収賄罪に問われることになる。エッシュハウスの逮捕の例からもわかるように、賄賂を見返りとしてユダヤ人に便宜をはかることは、ナチス体制側の人間にとっても危険を伴う行為であった。こうしてみれば、ナチスとの交渉がいかに高度のテクニックと相手に関する詳細な情報を必要としたかがわかる。

しかし、こうしてヴァイトが従業員たちを守るためにゲシュタポと闘っていた頃、同じベルリンのなかではユダヤ人の絶滅を決定する会議が開かれていた。

ユダヤ人問題の最終解決

ベルリンの西部に位置するシュテーグリッツ＝ツェーレンドルフ地区に、ヴァンゼーという美しい湖がある。一帯は風光明媚な場所として知られ、瀟洒な邸宅や別荘も建ち並ぶこの地に一九四二年一月二十日、ヒトラー政権の高官十五人が集まった。出席者の平均年齢は四十一歳、半数にあたる八人が博士の学位をもつエリートたちである。

開催地の地名をとって「ヴァンゼー会議」と呼ばれるこの会議の目的は、「ユダヤ人問題の最終解決」

を実行することにあった。会議は、国家保安本部長であり、すでに前年にユダヤ人問題の総指揮者に指名されていたラインハルト・ハイドリヒの進行によって進められた。ハイドリヒは次のように指摘した。

ユダヤ人問題に関して、出国に代わる新たな解決方法を採用する。ユダヤ人の東方への「強制疎開」である。……ただし、これは暫定的な方法であり、ユダヤ人問題の将来的な最終解決をはかる方法は、すでに実験段階に入っている。

（マイケル・ベーレンバウム『ホロコースト全史』）

出席者の誰ひとりとして、反対する者はなかった。「東方への強制疎開」とは要するに収容所送りのことであり、「最終解決」が集団殺戮であることを、出席者たちに説明する必要さえなかった。ハイドリヒは、前年十月の東方移送の開始によって問題解決の可能性が見えたと指摘しつつ、新たなユダヤ人問題の「最終解決」について検討すべきだと提案した。ハイドリヒが危険視したのは、移送先のゲットーや強制収容所で生き残るであろう少数のユダヤ人たちだった。ユダヤ人を東方の収容所に移送し、劣悪な環境のもとで働かせれば、多くの者は「自然淘汰」されるだろう。だが、そうした過酷な条件にも耐え抜いた生存者こそ危険分子であり、彼らは「頑強な核」となって、ユダヤ人社会を再建する可能性がある。それゆえ、こうした者たちを「相応に取り扱う」、つまり殺害しなければならないというのがハイドリヒの主張であった。

ポーランド総督の代理としてこの会議に出席した同総督府官房のヨゼフ・ピューラーは、ユダヤ人問題の「最終解決」をポーランドで開始するよう提案した。ピューラーは「ユダヤ人は、できるだけ迅速に片づけなければならない」と断定したうえで、ポーランドにいる二百五十万人のユダヤ人の大多数は労働不能だと主張した。これに対しハイドリヒは、そうした措置を必ず実行するよう要請した。ヴァンゼー会議の結果、「労働可能」とされたユダヤ人には過酷な労働による衰弱死が、「労働不能」とみなされた者にはガスによる即刻の殺害が運命づけられた。嫌がらせのような迫害から始まったナチスのユダヤ人政策は、ついにホロコーストと呼ばれる大量殺戮の段階に入ったのである。

ひとり、またひとり

ユダヤ人の東方移送は着々と進行していった。一九四二年四月には、移送された者は一万三千人を超えた。最初の移送からたった半年で、ベルリンでは五人にひとりのユダヤ人が連行された計算になる。

ヴァイトの作業所からもひとり、またひとりと、櫛の歯が欠けるように従業員が消えていった。マルクス・ゲルシュテン（一八九〇－一九四二）という盲の従業員は、一九四二年八月に妻子とともにリガの強制収容所に送られ、三日後に死亡した。この日、ゲルシュテンとともに収容所に送られたユダヤ人は千人にのぼった。

貴族であった六十六歳のユリウス・フォン・デア・ヴァルも同じ年の九月五日、二人の妹とともにリガに連行された。

十月十九日、リガに連行された盲のブラシ職人フーゴー・トゥフラーは、収容所に到着した直後、近郊の森で殺された。トゥフラーとともに殺害されたユダヤ人のなかには、約八十人の手仕事の職人が含まれていた。

十一月二十九日、ベルリンからアウシュヴィッツへの最初の移送が行われた。千人ほどの移送者のなかには、盲の従業員クルト・ヴォルフと、その妻イーダもいた。このときの移送者には、七十一人の幼い子どもたちや少年少女も含まれていた。

ヴォルフの移送からわずか十日後の十二月九日には、氏名がわかっている者だけでも六人の従業員がアウシュヴィッツに連行された。そのなかには、盲聾の従業員ゴルトバルトや、かつてパレスチナから入国を拒否された盲の女性カッツもいた。

結局、一九四二年だけでヴァイトは十三人の従業員を失った。だが、ヴァイトにはもう彼らを取り戻す力はなかった。ユダヤ人の絶滅という国家の方針を前にして、それでも彼らを守ろうとするならば、名もないドイツ市民たちが取り得る方法はもはやひとつしかなかった。彼らを匿い、表向きは存在しない人間として生き延びさせることである。

2. 匿う者、匿われる者

潜伏生活

ヴァンゼー会議以降、ユダヤ人の連行は街なかでますます日常の光景と化していった。「東方へ送られる」ことが死とほとんど同義であることを、すでにユダヤ人の誰もが知っていた。国外移住どころか、今やドイツを出国することさえ禁じられたユダヤ人たちに、生きる道はもはや残されていないように見えた。

だが、すべてのユダヤ人がただ黙って移送の順番を待っていたわけではない。なかには、一縷の望みをかけて潜伏生活に入る者もいた。彼らは命がけで、「信頼に足る」ドイツ人に助けを求めた。ユダヤ人が独力で潜伏生活を生き延びることは不可能だったからである。助けを求めた相手は親しい友人や知人の場合もあれば、まったく見ず知らずの場合もあった。正確な数は今も不明だが、収容所移送を逃れるため身を潜めたユダヤ人は、ドイツ全土で一万人とも一万五千人ともいわれ、そのうち五千人から七千人がベルリンにいた。一方で、彼らを匿うために必要とした救援者の数は、ユダヤ人ひとりあたり七人とも十人とも、それ以上だったともいわれている。

ユダヤ人を匿うことは、匿う側にとっても命がけだった。ひとたび行為が露見すれば、匿った者も厳罰に処せられたし、当然ながら家族にも累が及んだ。しかも、警戒しなければならなかったのは、ゲシュタポだけではない。最近様子がおかしい、誰か家に潜んでいるのではないかと近隣住民に怪しまれ、密告されて強制収容所送りになったドイツ人もいた。親戚の者が訪ねてきた、空襲で焼け出された知人を預かることになったとどんなに口実を設けても、しばらくすると実はユダヤ人ではないかと嗅ぎつけられた。

夫や娘とともにユダヤ人救援グループ「エミールおじさん」を主導した女性ルート・アンドレアス＝フリードリヒは、ユダヤ人を匿うという行為がどれほど危険で困難だったかについて、終戦直後、次のように端的に語っている。

無数の潜伏者や被迫害者は、ほかの人たちの援助がなかったら、最後までもちこたえられなかっただろう。爆弾と瓦礫のあいだを縫って、スパイに探られ、嫌疑をかけられ、さまざまな規制によって行動を制限され、真実から隔てられ、ひたすら風聞のみを頼りにして、しばしば交通手段もなく、電気もガスも水道も電話もない状態では、ごく単純な救援活動を行うことさえどんなに困難だったことか……。

（ルート・アンドレーアス＝フリードリヒ『ベルリン地下組織——反ナチ地下抵抗運動の記録』）

当初は善意と同情心にかられてユダヤ人を匿ったものの、結局はもちこたえきれずに救援活動から手を引いたドイツ人も少なからずいただろう。だが一方で、いかなる困難に直面しても最後までユダヤ人を守りとおした人びともいた。ヴァイトと彼の救援仲間たちもそうであった。ではヴァイトたちはいかにして、ユダヤ人たちを守ろうとしたのか。具体的に見ていくことにしよう。

アリス一家

一九四三年に入ると、ヴァイトは従業員とその家族を移送から守るため、彼らの潜伏先を求めて奔走するようになる。すでに何人もの従業員が連れ去られた今、ユダヤ人たちを守るためにはもはやこの方法しかないことをヴァイトは悟っていた。

ヴァイトが真っ先に案じたのはアリスのことだった。ヴァイトとアリスは来る日も来る日も、どうすることが最善かを話し合った。若いアリスひとりだけならいくらでも方法はあったが、問題は彼女の両親だった。三人ものユダヤ人を周囲に知られずに匿うことは、誰が考えても困難である。実際、潜伏生活を送ったユダヤ人たちのなかには、目立たず、いざとなったときには身軽に行動できるようにするために、家族離散して生き延びる道を選んだ者も多かった。しかもアリスの父ゲオルクはすでに六十歳を超える高齢になっていた。身体的にも精神的にも極度の負担がかかる潜伏生活のなかで、もし病気にでもなればさらなる困難が予想された。医者にかかることができないだけでなく、万一、潜伏先で死亡すれば遺体の処理も容易ではないからである。

それでも、ひとり娘のアリスにはどうしても両親を見捨てることはできなかった。考え抜いた挙句、ヴァイトが思いついたのは、作業所で製造した箒やブラシを納めておくための倉庫が必要になったと口実を設けて、新たに部屋を借りることだった。

二月五日の夜、アリス一家は周囲に知られないよう、こっそり自宅を出てこの部屋に移った。部屋のなかで人間が生活している気配を悟られないよう、ヴァイトは作業所で製作した箒やブラシを部屋の前面にうず高く積み上げた。

とはいえ、アリス一家は一日中この部屋で息を潜めて生活したわけではない。翌日からアリスは、これまでどおり昼間はヴァイトの作業所で秘書として働き、夜は倉庫に帰るという生活を送った。さらにヴァイトは、父ゲオルクも従業員として作業所で雇った。二人分の賃金を提供するためのヴァイトの配慮であったが、それだけではなかった。詳細は不明だが、終日暗い部屋に閉じこもって暮らすことが彼らの健康に悪影響を及ぼすであろうこと、発見の危険性を考えても人がいないはずの「倉庫」に常に何人もの大人がいるという状況は避けたほうがよいこと、もし作業所の従業員のなかに密告者がいた場合、アリスが急に作業所を退職することはかえって疑念を招くかもしれないことなど、いくつもの理由があったことは容易に想像される。実際インゲは、この頃から素性のよくわからない人間が新しい従業員として作業所に配属されるようになったと指摘している。表向きは、収容所に連行された従業員の後任ということであったが、以前から作業所にいるユダヤ人たちは、潜伏ユダヤ人を探し出す目的で送り込まれたスパイではないかと疑った。

4-5　平和だった時代の幼いアリスと両親　1919年

だが何にもまして、アリスはヴァイトにとって単なる秘書ではなかった。妻をもつ身ではあったが、ヴァイトにとってアリスは命がけでユダヤ人救援活動を続けるための心の支えだった。アリスもまた、自分の身に危険が迫ってもなお、自分だけでなくほかのユダヤ人をも救うために行動しようとしていた。してみれば、ヴァイトにとってもアリスにとっても、ひとりでも多くのユダヤ人を救うという共通の目的を達成するためには、日常的に連絡をとりあえる状態を維持することが不可欠だったのだろう。

こうして、手渡される賃金が現金でなく、食料などの現物支給に変わったことを除けば、アリスの作業所での日常はそれまでと変わらないように見えた。もちろん、アリスたちが作業所で働き続けるためには偽造の、つまり「ドイツ人としての」身分証明書の入手が必要であった。その詳細は明らかでないが、ヴァイトがつながりをもっていたいくつかの反ナチグループ――「平和と再建の共同体」や「ローテ・カペレ」等――を通じて入手した可能性も考えられる。

しかし、寝泊まりする場所と食料さえあれば、潜伏者は安全に生活できるわけではない。身のまわりの世話をしてやる者が絶対に必要だった。アリス一家の生活の場は、表向きはあくまでも倉庫である。建物の家主や管理人、近隣住民から怪しまれないためには電話はもとより電気やガス、水道さえも最小限の使用に抑えなければならない。むろん、生活音を立てないことにも注意を払わねばならなかった。まさに前述のフリードリヒのことばのとおりである。電気もガスも水道も自由に使えない、日用品の買い物も自分では行かれないとなれば、料理から衣類の洗濯、買い物まで日常生活のほとんどすべてを支援者が肩代わりしなければ、潜伏者は生きられない。

ヴァイトがアリス一家の日常の世話を依頼したのは、牧師のディートリッヒだった（ディートリッヒについては第三章を参照）。ヴァイトはなぜ、ディートリッヒにアリス一家を託したのか。これは推測だが、ディートリッヒがユダヤ人救援グループ、とくにナチスの施策に反対の立場をとる告白教会の信者を中心とするネットワークと結びついていた可能性もある。いずれにせよ、周囲からの監視の目をかわしながら潜伏生活を支えるためには、可能な限り複数の人間で役割を分散、分担する必要があった。

4-6　カイム・ホルン（左）と息子マックス（右）1941年

作業所も隠れ家に

カイム・ホルン（一九〇二－一九四三　アウシュヴィッツで殺害）は、障害のない男性従業員であった。若い頃からブラシ職人として働いてきたホルンには、妻マクラとの間に一男一女がいた。十六歳になったばかりの息子のマックス（一九二六－一九四三　アウシュヴィッツで殺害）は、父親と一緒にヴァイトの作業所に雇われていた。

ホルンはヴァイトに何度も助けを求めた。インゲによれば、一九四三年初め頃から作業所のユダヤ人たちの間で、ヴァイトがユダヤ人を匿うために準備を始めているという噂が広まっていた。まだ移送を逃れていた従業員たちは、必死の思いでヴァイトにすがった。

ヴァイトは作業所の隅の部屋にホルン一家を匿った。もともと従業員たちのクローゼットとして利用していた作業所の隅の部屋が一家の隠れ場所になった。ヴァイトはこの部屋のドアの前に大きな戸棚を置き、外から部屋のドアが見えなくなるようにした。戸棚のなかには洋服やコートをかけ、いかにもそこが部屋の行き止まりであるかのように見せかけた。だが、この戸棚には仕掛けがあり、背面の板が外されていた。そのため、ぎっしりと詰め込んだ洋服を脇に寄せれば、奥から部屋のドアが顔を出す仕組みになっていた。

食事などの身のまわりの世話はヴァイト自身が担った。そうはいっても、ゲシュタポの目から逃れるために、作業所は必ずしも安全な場所とはいえなかった。アナーキズムに傾倒したヴァイトにせよ、元共産党員の共同経営者クレマートにせよ、いずれもナチスに批判的な立場の人間であることは当然把握されていたし、ヴァイトがユダヤ人を好意的に扱ってきたこともちろん知られていた。ユダヤ人の連行が激化するにつれて、ヴァイトがユダヤ人を匿っているだろうと疑われるのは、むしろ当然であった。ヴァイトの作業所では、ゲシュタポが家宅捜索に踏み込んできた場合いかにホルンたちを隠しとおすかについて、彼と従業員たちとの間で事前に示し合わせができていた。

4-7　ホルン一家を匿った部屋。現在もオットー・ヴァイト盲人作業所記念館で保存されている。正面に見える「戸棚」は、当時の仕掛けを再現したもの

このことについて、ヴァイトは戦後雑誌社「アウフバウ」に送った前述の手紙のなかで、次のように語っている。

この救援活動は、私の作業所の奥にある

一部屋……そこは窓のない部屋で、外から見えないのですが……のおかげでうまく行きました。この部屋の扉の前に、二・二メートル幅の戸棚を移動させましたが、この戸棚が動く壁になりました。作業所にゲシュタポがやってきたことが伝えられると、即座に私は窓口に立ち、呼び鈴のボタンを作動させました。呼び鈴を三回、大きな音で鳴らすのは警告のための合図でした。つまり、この合図があったら、作業所の奥に鍵をかけ、（潜伏者たちは）戸棚の向こう側に姿を消し、戸棚の壁……そこにはいつもたくさんの物がかかっていました……その壁を、ふたたびいつもどおりの位置に押し込みなさいという約束事だったのです。

（オットー・ヴァイト「手紙」一九四七年十月）

従業員たちの財産

ヴァイトの知恵と従業員たちの協力によって、たびたびの家宅捜索にもかかわらずホルン一家がゲシュタポに発見されることはなかった。

ホルン一家に続いて、ヴァイトは盲の従業員フライ（第三章を参照）とその妻も作業所の地下室に匿った。この地下室については、興味深いインゲの証言がある。ヴァイトの周囲のユダヤ人たちが潜伏生活を始めたのと時期を同じくして、作業所の従業員たちはこの地下室に自分たちの家具を集めたという。大切な財産をナチスによる没収から守りとおすためだった。十年に及ぶヒトラー政権のもとで、ユダヤ人は段階的に資産を剝奪されていった。貴金属も有価証券も、銀行預金や小切手も、さらには高価な美術品も強制的に売却あるいは没収され、とっくに彼らのものではなくなっていた。それどころではない。タイプライターや自転車、カメラから、毛皮やウールの衣料品、スキー用品、登山靴といった実用品まで没収された。その一方で、強制労働による賃金は最低限に抑制され、しかもそれに高額の税がかけられたことはすでに述べたとおりである。

にもかかわらずナチスは、東方移送に際して十六ページにも及ぶ長大な財産宣誓書の提出を命じている。ユダヤ人のものなら最後の一滴まで搾り取ろうとするナチスのすさまじい執念が見てとれる命令だが、その根底には、どれだけ没収してもユダヤ人はまだ財産を隠しもっているに違いないという彼らの確信があった。

作業所の地下室に集められた家具のなかには、単なる家財道具もあっただろうが、おそらく現金や貴金属等の貴重品を巧みに隠したソファやクローゼット等も含まれていただろう。さらにいえば、裕福だった従業員たちのなかには、ナチスの没収を逃れるため財産をひそかにヴァイトに託した者もいたと考えられる。というのも、ユダヤ人を匿う活動には高額の出費を伴ったからである。食料品も日用品も配給制度が敷かれたドイツで、「存在しないはず」のユダヤ人に食べ物や衣類を確保する手段は、闇しかなかった。ヴァイト自身の戦後の証言によれば、ヴァイトと救援仲間が匿ったユダヤ人の数は全部で五十六人に達したという。すべての費用をヴァイトひとりで負担したのでないとしても、その費用が莫大であったことに間違いはない。戦時中のヴァイトが、作業所の製品である箒やブラシを闇市で売って利益を得ていたことは知られているが、それだけで、これほど大勢のユダヤ人を扶養できたとは考えられない。

実は、ヴァイトの救援活動のなかで、必要な資金をどこから得ていたのかは謎のひとつである。潜伏生活を支えるためには、身を隠す場所と寝食の世話に加えて資金の確保も重大な課題であったはずである。

すでに見てきたように、彼はさまざまな局面で賄賂を巧みに使うことでユダヤ人を保護してきた。作業所の経営が成り立たなくなるほど大勢の従業員を雇い、税金の支払いを肩代わりし、彼らの飢えを癒すために闇で手に入れた食料を惜しげなく配った。こうした行動は、生き延びた従業員たちの証言からも明らかである。ヴァイトの活動には、他のユダヤ人救援活動に比べると相対的に「気前のよい」行動が目につく。なぜそのようなことが可能だったのか。推測だが、彼が保護していたユダヤ人の所有財産の一部を運用したり、つながりのあった反ナチグループ等から融通を受けていたことも考えられる。

ポルシュッツの覚悟

ユダヤ人たちは次々にヴァイトに助けを求めてきた。もちろん、全員を彼ひとりで匿うことなど不可能である。ひとりでも多くの者を救うためには、ヴァイトに代わって、ユダヤ人を引き受けてくれる仲間の存在が絶対に必要であった。

二十歳の双子の姉妹、マリアンネ・ベルンシュタイン（一九二二―一九八七）とアンネリーゼ（一九二二―二〇〇〇）も、ヴァイトに助けを求めた。マリアンネには重度の視覚障害があった。彼女は一九四一年以降ヴァイトの作業所に雇われていたが、作業所の従業員というのは表向きの名目で、実際はヴァイトの自宅で彼の身のまわりの世話をしていたようである。姉妹の父フランツはもとは銀行の共同経営者だったが、ヒトラーが政権を掌握した一九三三年に自殺していた。母親も一九四二年に収容所に移送され、姉妹は天涯孤独の身となっていた。

ふたりの身柄を引き受けたのは、娼婦のポルシュエッツであった。一九四三年一月、ホルン一家が作業所に身を潜めたのと相前後して、ベルンシュタイン姉妹はポルシュエッツの自宅に引き取られている。

ポルシュエッツが暮らすアパートは、一部屋半しかない屋根裏部屋だった。熱烈なナチスの信奉者である夫は出征中で、彼女はこの部屋にひとりで暮らしていた。とはいえこれほど狭い街なかのアパートで、ふたりの姿を誰にも見られないように隠すことなどはじめから無理である。そこでポルシュエッツは近所の住民に対してアンネリーゼを自分の妹、マリアンネはその友人だと偽った。この嘘が少しでも怪しまれれば、姉妹だけでなく、ポルシュエッツ自身の身にも危険が及ぶことを熟知したうえでの行動だった。結果的にこの嘘が見抜かれることはなかった。アンネリーゼは晩年「今でも奇妙に思えて理解できないのは、誰も私たちの正体に気づかなかったことと、ポルシュエッツさんがなぜ匿ってくれたかということだ」と語っている。

さらなる危険は、すでに述べたように彼女のアパートが警察本部の真向かいに建っていることだった。文字通り、日々監視にさらされているようなものである。ただでさえ、彼女は娼婦として絶えず警察の目を意識し続けなければならない身であった（第三章を参照）。にもかかわらず、ヴァイトの頼みとはいえ彼女自身にとっては見ず知らずの他人にすぎないベルンシュタイン姉妹を、ポルシュエッツはなぜ匿ったのか。彼女の内心を推測できる記録は一切残っていない。だが、無事に生き延びて終戦を迎えたマリアンネは、のちに「ポルシュエッツさんは、それがどんなに危険かを十分に理解し、しかも私たちとの同居が彼女の生活の妨げになることを承知のうえで、それでも私たち双子の姉妹を匿ってくれたのです」と振り返っている。ポルシュッツが決して一時の同情や衝動からではなく、並々ならぬ覚悟のもとでふたりを保護したことが見てとれる証言である。ポルシュッツはふたりに隠れ場所を提供しただけでなく、彼女たちの食料もすべて彼女が負担したという。

ポルシュッツのヴァイトへの協力はこれだけにとどまらない。それからわずか二か月後には、アリスの親友ルチー・バルホルン（一九一六―一九四三　アウシュヴィッツで殺害）と彼女の叔母グレーテ・ゼーリッヒ（一八九六―没年未詳）の二人も、「同居人」として迎え入れている。ポルシュッツがふたりを受け入れた背景には、アリスの強い願いがあったと想像されるが、ポルシュッツに直接バルホルンたちの窮状を伝えたのは、ベルンシュタイン姉妹であった。そのときの状況について、マリアンネは戦後次のように証言している。

私たちが身を寄せるようになってしばらく経った頃、私たちはポルシュッツさんに二人の知人のことを話しました。彼女たちも私たちと同じ潜伏ユダヤ人で、どこにも行く場所がないのだと。するとポルシュッツさんは、この二人の女性も私たちと同じように匿ってくれたのです。それがグレーテ・ゼーリッヒと、のちにナチスに殺害された彼女の姪のルチー・バルホルンでした。

（ヨハネス・トゥヒェル『ヘドヴィヒ・ポルシュッツ――被迫害ユダヤ人の救援と名誉棄損』筆者訳）

ポルシュッツは周囲の者にゼーリッヒをマリアンネの母親だと紹介した。かくしてポルシュッツと

4-8　ルチー・バルホルン

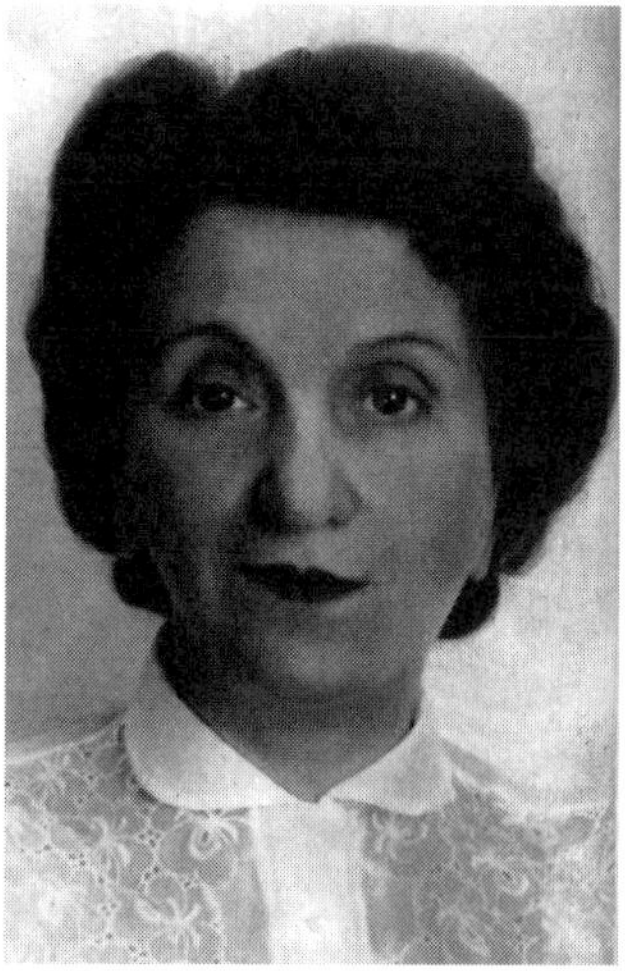

4-9　グレーテ・ゼーリッヒ

四人の「不法」ユダヤ人の共同生活が始まった。彼女たちは身を寄せ合い、夜はひとつしかないベッドで一緒に眠った。

被迫害者の救援活動

ヴァイトの救援仲間のなかで、警察の監視にさらされていたのはポルシュッツだけではなかった。共産主義者カール・ダイベル（第二章および第三章を参照）の場合、自らも警察に追われ身を隠さなければならない立場であった。ダイベルはヴァイトの保護を受けて潜伏生活を続けながら、自身の潜伏先に多数のユダヤ人や政治的被迫害者を受け入れた。

ダイベルとヴァイトの出会いは一九四三年頃だったと思われる。ふたりを結びつけたのはアリスか、ポルシュッツに匿われたグレーテ・ゼーリッヒ、もしくはグレーテの弟のレオ・ゼーリッヒ（一八九七－一九四四　アウシュヴィッツで殺害）のいずれかであったらしい。ダイベルとアリス、ゼーリッヒ姉弟は、

4-10　アントン・ゼフコフ

以前から反ナチ活動をともにする仲間だった。ダイベルはのちにヴァイトのことを「政治的に、自分と近い立場にある人物」だと評している。

ダイベルが反ナチ抵抗運動に関与するようになったのは、一九三八年頃からである。当時、広告業者として仕事をしていた彼は共産主義者による複数の反ナチグループと接触をもち、ナチス批判のビラ撒きにかかわった。彼と接触のあった仲間のなかには、共産主義者アントン・ゼフコフ（一九〇三－一九四四　刑死）が率いた大規模な反ナチグループ「ゼフコフ・グループ」のメンバーもいた。

その後ダイベルは、遅くとも一九四一年春までにはユダヤ人救援活動にも積極的に関与するようになっている。もともと、ダイベルが関与した反ナチグループには、前述のアリスらを含め多数のユダヤ人がかかわっていた。ドイツに住むユダヤ人のなかには、反ナチの意思を行動によって示そうとした者も少なくなかった。ナチスに対するユダヤ人の抵抗といえば、一九四三年四月から五月にかけて起きたワルシャワ・ゲットー蜂起が有名だが、広く知られた行動ではなくとも、最後までナチスに抵抗し続けたユダヤ人はドイツにもいたのである。ダイベルはそうしたユダヤ人たちと連携し、反ナチ活動を展開していたから、ユダヤ人たちの身が危うくなるにつれ、活動の内容にユダヤ人救援が加わることは自明であった。

ダイベルは熱血漢だが向こう見ずで、少々言動に慎重さを欠く性格だったようである。彼は堂々とナチス批判のビラを撒き、国防軍の将校たちを公然と罵倒し、共産主義に限らずあちこちの反ナチグループやユダヤ人・政治的被迫害者の支援グループに顔を出した。航空司令部で管理業務の仕事をしていた一九四三年頃には、士官を「おまえら」と呼び、軽口をたたいて挑発するという「事件」を起こしている。これが原因となって、彼は「公安侵害」の罪に問われ、執行猶予つきながら四週間の留置刑を言い渡されている。

この事件の直後、ダイベルは警察の目を逃れて自らが潜伏生活に入った。ダイベルを匿ったのはヴァイトであった。ヴァイトは一九四三年三月、以前に作業所として使っていたグロスベーレン通りの部屋を月額四十マルクでダイベルに賃貸ししたのである。さらにその年の秋には、彼を作業所の臨時職員として週給二十マルクで雇っている。

ヴァイトとダイベルのこの関係は、明確な契約によって成り立っていた。ダイベルは職を失い、金銭に困っていた。一方のヴァイトはダイベルに身を隠す場所と賃金を提供する代わりに、ユダヤ人の保護を彼に依頼した。ダイベルはこのグロスベーレン通りの部屋に、多いときには十人を超える被迫害者を匿った。そのなかには非ユダヤ人の反ナチ活動家や、前述のレオ・ゼーリッヒもいた。

無名市民たちの絆

だが、十人もの潜伏者に毎日食事を食べさせ、汚れた服を洗い、密告の目から守ってやる仕事は容易ではない。その困難な仕事を一手に引き受けたのは、この建物の管理人エンマ・トロストラーだった。ヴァイトと同い年のトロストラーは働きものだった。六十歳の彼女は建物の管理に加えてクリーニング店も経営し、ホテル等の大口の顧客を抱えて繁盛させていた。若い頃ダンサーをしていた彼女には、再婚で結ばれたアルトゥールという夫がいた。アルトゥールはユダヤ人の音楽家だったが、一九三五年にナチスによって演奏活動を禁じられると、トロストラーは離婚を迫る圧力にも屈せず、働いて生計を支えた。アルトゥールは、その後一九四〇年に病気で他界している。

トロストラーは、自分の部屋とダイベルの部屋の間に秘密の通路を作り、彼らの寝食を世話した。ヴァイトとトロストラーは、ヴァイトがグロスベーレン通りに作業所を置いたとき以来の親しい間柄であった。トロストラーのクリーニング店の隣で精肉店を営んでいたパウル・ボーデンシュタインの娘は、ふたりがしばしば並んで座り、語り合っていた姿を記憶している。その一方で、ふたりはクリーニング店の客にヴァイトの姿を見られることのないよう、常に警戒をはらった。ユダヤ人救援活動には救援者同士の緊密な協力関係が不可欠だったが、反面、仲間同士の人間関係は絶対に部外者に知られてはならなかった。もしそのなかのひとりでも逮捕されたり密告に遭えば、仲間全員に累が及ぶからである。

グロスベーレン通りの潜伏者たちを支えたのはトロストラーだけではなかった。前述の精肉店主ボーデンシュタインは、一九四二年九月にユダヤ人への肉の販売が禁止されたのちも、黙って彼女に肉やソーセージを販売し続けた。彼女がユダヤ人を匿っていると知ったうえでの行為である。栄養不足は潜伏生活を送るユダヤ人たちにとって深刻な問題だったから、ボーデンシュタインの好意はユダヤ人たちの健康を維持するうえで重要だった。

栄養不足だけではない。極度の緊張と不自由を強いられる潜伏生活は、ユダヤ人たちから容赦なく体力を奪った。アリスの父ゲオルクも、潜伏生活による苦痛がもとで胃潰瘍を発症した。だが、潜伏者は医者にかかることができない。意を決したヴァイトは作業所の近所に住むユダヤ人医師グスタフ・ヘルトを訪ねた。ゲオルクの診察を依頼するためである。グスタフ自身は、ドイツ人の妻インゲとの婚姻関係のおかげで、さしあたり移送を猶予されていた。

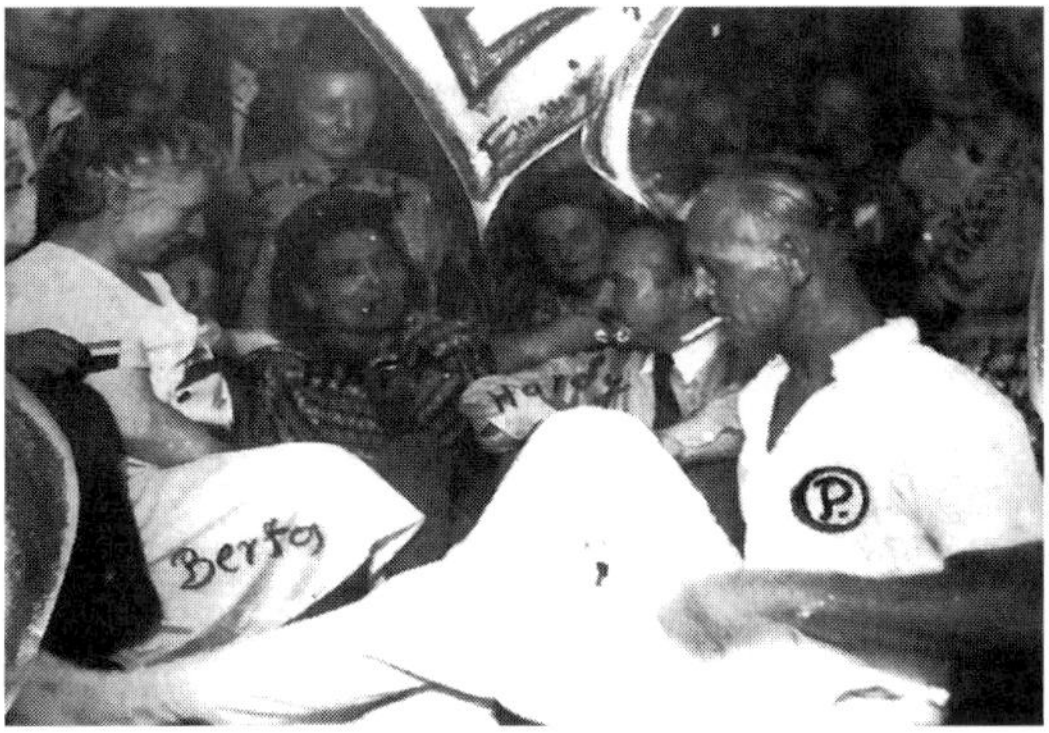

4-11　グロスベーレン通りの隠れ家でトロストラーの誕生日を祝う潜伏者たち　1943年

見ず知らずのヘルトに、潜伏ユダヤ人の診察を依頼することの危険性はもちろん承知していた。ヘルトがユダヤ人だからといって、ユダヤ人救援活動に協力してもらえるとは限らないからである。協力を得られないどころか、密告される可能性さえあった。実際、わが身を守るためにナチスの手先となったユダヤ人も少なくなかった。それでも躊躇していられないほど、グスタフの容態は悪化していた。

幸いにもヘルト夫妻はヴァイトの味方であった。この出会いをきっかけとして、彼らはヴァイトの協力者となる。グスタフはゲオルクを治療し、一命をとりとめさせた。一方、妻のインゲはヴァイトの秘書となった。もっともこの雇用関係は、金銭のためというよりヴァイトとヘルト夫人が頻繁に接触しても周囲から怪しまれないための隠れ蓑であったと考えられる。このののちヘルト夫人は、ヴァイトたちが匿うユダヤ人に食料や医薬品を届ける役割を担っている。

もっとも、ヘルト夫妻がヴァイトの活動に協力したのははたまたまではなかった。夫妻は以前から、ユダヤ人を救うために精力的に活動していたからである。夫のグスタフは医師として潜伏ユダヤ人の病を救ったが、ふたりの活動はそうした医療行為だけにとどまらなかった。夫妻はシングルマザーのユダヤ人女性を家政婦として雇い、その女性と彼女の息子を移送から守った。さらに、戦局が悪化し、ベルリンの街に爆弾が降り注ぐと、焼け落ちた家屋や商店に潜伏していた十二人ものユダヤ人を即座に匿い、彼らのために偽名とその偽名に基づく食料配給券を確保した。この頃になると、ユダヤ人はもはや移送の名簿も何も関係なく、見つかれば手当たり次第に連行されるようになっていたからである。

ウィーンから来た警告者

ところで、ヴァイトの尽力によって匿われたアリス一家、ホルン一家、さらにベルンシュタイン姉妹の三家族は、いずれも一九四三年初頭から二月初めまでの一か月足らずの間に潜伏生活に入っている。ヴァイトはなぜ、このタイミングで彼らを匿うことを決意したのか。前年十二月の連行で、ヴァイトは少なくとも六人の従業員を失っていた。それだけではない。年が明けるとすぐに、ふたたびユダヤ人の東方移送が行われ、把握されているだけで三人の従業員がアウシュヴィッツに送られた。一九四一年十月に最初の東方移送が行われて以来、移送の回数はすでに四十回に達していた。末だべルリンに残っているユダヤ人たちにとっても、自分の移送がもはや時間の問題であることは明白だった。

加えてヴァイトには、ゲシュタポの動静を秘密裡に伝えてくれる複数の仲間がいた。ユダヤ人協会のローゼンタル、第十六管区警察署の警察官に加え、ベルリンにあるスウェーデン教会の牧師たちもヴァイトの協力者であった。ローゼンタルは移送者リストの作成に関与する立場から、第十六管区警察署は、町の治安を乱さず、「整然と」東方移送を遂行するという役割上、さらにスウェーデン教会の牧師たちは本国スウェーデンから入手した情報に基づき、それぞれヴァイトに対して有益な情報を授けることができた。さらに、もちろん違法行為だがヴァイトの周囲には海外のラジオ放送をひそかに傍受する者もいた。インゲ・ドイチュクロンもそのひとりであった。彼女がガス殺や絶滅収容所への移送について知ったのは、イギリスのＢＢＣ放送を通じてであった。ヴァイトは、仲間たちからもたらされるこうした情報によって、もはやユダヤ人を守るために一刻の猶予も許されないことを認識したのかもしれない。

だがこの頃、重要な情報をヴァイトにもたらした人物がもうひとりいた。ナチス親衛隊アロイス・ブルンナーの随行者として、ウィーンからベルリンにやってきたユダヤ人ロベルト・ゲレである。随行者といえば聞こえはいいが、要するにナチスの「手先」であった。ブルンナーは「アイヒマン裁判」で知られる親衛隊将校アドルフ・アイヒマンの副官として、ユダヤ人の移送を精力的に遂行した人物である。当時ウィーンにいたブルンナーは、「遅々として進まない」ベルリンの東方移送をてこ入れするために、ゲシュタポの命令でベルリンに乗り込んできたのである。

このことについて、インゲはのちに次のように振り返っている。

ある日私たちは、ウィーンのゲシュタポが間もなくベルリンに来るという情報を耳にした。ウィーンはすでにユダヤ人を一掃した。ベルリンは怠慢だ。ベルリンのゲシュタポが効率的でないのは明らかだった。そこで、ベルリンのユダヤ人たちを片づけるため、ウィーンのゲシュタポが呼ばれたのだ。ウィーンのゲシュタポには、移送リストなど不要だった。彼らはもっとすぐれた手段を使った。彼らのすることといえば、ユダヤ人たちが隠れている家々の前に大型トラックで乗りつけ、人びとを車に押し込むだけだった。妻子と離れたくないと言って泣き叫ぶ者がいれば、家族とは必ずまた会えると説得した。

（インゲ・ドイチュクロン『黄色い星を背負って』）

ベルリンに残っていたユダヤ人たちにとって、ゲレの来訪は恐怖であった。ゲレに限らず、ナチスはユダヤ人を連行する「手先」としてユダヤ人を利用した。とりわけ、潜伏ユダヤ人の摘発に際しては、多数のユダヤ人が「捕まえ屋（スパイ）」としてゲシュタポに雇われた（捕まえ屋の詳細については後述）。ユダヤ人の友人や知人をもち、ユダヤ人社会の人間関係、生活習慣、思考のパターン等に精通する彼らは、誰がどこに隠れているかを暴き出すためにはうってつけだった。ゲレ自身は、潜伏者一人ひとりを見つけだす「捕まえ屋」ではなかったが、ナチスの手先であることにかわりはない。

アリスはユダヤ人同胞たちにゲレの来訪を知らせ、警戒を促すためこんな散文をしたためている。

みなさま。最近、もうひとつ大事件がありました
ある紳士が、特別な使命を帯びてドナウ川岸からやってくるのです
みなが尋ねます、もう聞いているか、と
誰もが言います、そのことなら確かに知っていると
そのことはもう、すべての小路でそっとささやかれています
あらゆる通りで大声で響きわたっています
ウィーン・ユダヤ人協会のロベルト・ゲレが
突然、ステッキをもって姿を現したのです

「星」をつけたユダヤ人たちの家をどうやって空っぽにするか
地元のユダヤ人コミュニティの手下どもを指導するために

（アリス・リヒト「詩」一九四三年一月）

だが、アリス自身はゲレを恐れていなかった。

「ゲレと連絡をとらなくちゃ」

アリスはインゲにそう言い、ゲレのベルリン滞在中に彼と会う機会を作ろうと画策した。アリスは、

たまたま以前に面識のあったゲレを、自分たちの助けになる人物だと確信していた。ナチスの手下である以上、確かにゲレは危険だが、それ以上に彼がもっている情報は貴重である。なんとか彼を味方に引き入れたいと考えたのだろう。

インゲは当初、「ナチの回し者」と手を結ぶなんてと反対したが、結局はアリスの主張に同意した。この頃になると、ユダヤ人たちは寝ても覚めても強制移送の恐怖しか考えられなくなっていた。少しでも助けてくれそうな者がいれば、文字通り「麦わら一本にでも」すがりついた。

アリスの希望は、ゲレをヴァイトに引き合わせることであった。彼女の努力は功を奏し、ゲレはヴァイトの作業所を訪問した。むろん作業所の従業員たちにはゲレの素性は伏せられていた。眼鏡をかけ、口ひげをたくわえたゲレをヴァイトとアリス、インゲは「シュミット」と偽名で呼んだ。

ヴァイトはゲレをもてなすため、作業所で夕べの集いを開いた。アリスとインゲも同席した。ヴァイトはゲレに卑屈なほど丁重に接した。一方のゲレは、自らも障害をもちながらユダヤ人を守ろうとするヴァイトの姿に強い印象を受けた様子だったという。

ゲレは、ヴァイトたちに忠告した。もし潜伏する計画があるのなら一刻も早く実行すべきだ。もはや猶予はない。ウィーンのゲシュタポは、ベルリンからユダヤ人を一掃する任務を間もなく、そして確実にやり遂げるだろう、と。

ナチスへの隷属と引き換えに、一時的に身の安全を保障されているゲレが、ヴァイトたちに情報と忠告を与えた事実は、ゲレの内心に存在した深い葛藤と苦悩を物語る。ナチスの手先であるゲレにとって、同胞を売ることこそが自分の身を守ることであった。しかもゲレは「手先」として有能であった。

ブレンナーに随行してベルリンに現れたのも、ウィーンでの実績を高く買われたからである。そのゲレが、自分の立場とは相反する忠告をヴァイトたちに与えた。万一にもヴァイトと接触した事実が露見すれば、ゲレの命はないにもかかわらずである。

ゲレの警告はヴァイトたちに決断を促した。この面会の直後、インゲは潜伏生活を渋る母親を説得し、以前から保護を申し出てくれていたグンツ夫妻に匿われた。ヴァイトはアリス一家とホルン一家を相次いで匿い、ベルンシュタイン姉妹の世話をポルシュュッツに依頼した。この迅速な対応がいかに正しかったかは、その後すぐに明らかとなる。アリスやインゲたちは、ナチスの側の人間であるゲレによって助けられたのである。

3. 連れ去られてもなお

工場作戦

「いいか。明日は何があっても作業所に行ってはいけない」

ローゼンタルはインゲに伝えた。一九四三年二月二十六日のことである。ゲレがウィーンに戻ってから約一か月が過ぎていた。インゲがどんなに尋ねてもローゼンタルは一切理由を明かさず、とにかく絶対に家から出るなと念を押した。当時インゲは潜伏生活を送りながら、アリスと同じように作業所に出勤し続けていた。

翌朝、潜伏先の窓からカーテン越しに外を覗いたインゲはことばを失った。警察車両が道を猛スピードで走り回っていた。車が家々の前で止まるたび、なかから制服と私服の警官が飛び出してきた。彼らは家からユダヤ人を引きずり出すと、また次の家に向かった。まだベルリンに残っているユダヤ人を一網打尽にするためだった。ユダヤ人たちは工場であれ自宅であれ、路上であれ、偶然そのときにいた場所から連れ去られた。みな着の身着のままで、作業着の者もいれば寝巻姿の者もいた。車はどこかに走り去ったかと思うと、詰め込んだユダヤ人たちを下ろしてまたすぐに戻ってきた。たまたまその光景に遭遇したドイツ人の住民たちは、道ばたで立ち止まり、互いにひそひそとささやき合うと、足早に「平穏なわが家」へと戻っていった。

ユダヤ人の多くが強制労働先の工場で捕えられたことから、今日「工場作戦」と呼ばれるこの連行によって、ベルリンから連れ去られたユダヤ人の数は一万一千人にのぼった。

数日後、作業所にふたたび出勤したインゲが見たのは、ほとんど誰もいなくなった空っぽの空間だった。事前にローゼンタルから情報を得ていたヴァイトは、「製造機械の清掃」のためと口実を設けて当日は作業所を閉鎖していた。そのおかげで作業所から従業員が連れ去られることはなかったが、結局彼らは自宅から連行されてしまったのである。

「もう駄目だ」ヴァイトは呻いた。「これからいったいどうなるんだ」

それでもこのとき、ヴァイトの周囲にはまだ少数のユダヤ人が残っていた。アリス一家やホルン一家、ベルンシュタイン姉妹等、彼が潜伏させた人びとである。彼らはみな、連行を逃れて無事だった。自分とかかわりのあるユダヤ人全員を守ろうと闘ってきたヴァイトにとって、それはせめてもの慰めであった。

密告

潜伏生活者たちは、もはやユダヤ人のいなくなったベルリンで息をひそめて生き続けていた。もっともナチスは、工場作戦ですべてのユダヤ人を連行できたとは考えていなかった。ナチスは移送を逃れて潜伏するユダヤ人の摘発に躍起となった。工場作戦の後も、ベルリンにはなお一万八千人を超えるユダヤ人が残っていた。春になってもアウシュヴィッツへの移送は続いた。一九四三年六月十九日、宣伝相ゲッベルスはベルリンからユダヤ人が一掃されたと宣言したが、そう宣言したナチス自体が、ベルリンにユダヤ人がいなくなったとは信じていなかった。実際、ゲッベルスの宣言からわずか九日後には、ふたたび約三百人のユダヤ人が捕えられ、アウシュヴィッツに送られている。

アウシュヴィッツへの移送はその後も続いたが、一度に一千人規模のユダヤ人が連行された「工場作戦」以前とは違い、毎回の移送者はせいぜい二十数人から七十人程度に激減した。それでもほとんど毎月、ベルリンからアウシュヴィッツへの移送は行われ続けた。ときにはひと月の間に二度行われることもあった。移送者の多くは、収容所送りを逃れて潜伏していた者たちだった。工場作戦以後、終戦までの二年間に行われた東方移送の回数は最終的に二十六回にも及んだ。潜伏者に対する残党狩りの壮絶さを物語る数字である。

潜伏者の摘発はほとんどが密告によるものだったから、救援者たちは常に密告には神経を尖らせていた。

工場作戦から八か月が経過した一九四三年十月十二日、ヴァイトの作業所に突然ゲシュタポが現れた。ヴァイトがここでユダヤ人を匿っていると通報されたのである。潜伏者を隠すためにヴァイトが考案した戸棚の仕掛けも、あっけなく見破られた。このときの「手入れ」で連行されたユダヤ人の数については各関係者の証言に食い違いがあり、正確にはわからない。だが、少なくともカイム・ホルンとその家族の四人が引きずり出され、集合収容所に連行された。「手入れ」は、アリス一家が暮らす「倉庫」にも及んだ。この場所が倉庫などではなくユダヤ人の潜伏に使われていることを、ゲシュタポはすでにつかんでいた。

ヴァイトの隠れ家を通報したのは、ユダヤ人の「捕まえ屋」であった。そのいきさつはこうである。カイムの息子で十六歳のマックスは、ある日作業所の外に出たところでばったりユダヤ人の友人と出会った。友人はマックスより六歳年上で、名はロルフ・イザークゾーンといった。十か月に及ぶ潜伏生活で人恋しくなっていたマックスは、旧知のロルフの顔を見て気分が高揚したのだろう。すっかり嬉しくなり、自分がなぜ工場作戦を逃れられたか、今どんなふうに生活しているのか、ヴァイトがいかにユダヤ人たちを助けてくれているのかをイザークゾーンに打ち明けた。ユダヤ人の姿などとっくに消えたベルリンの町で、そう簡単に知り合いに出くわすものだろうかと訝しく思う余裕もなかった。

ホルン一家の前にゲシュタポが現れたのは、それからわずか数日後であった。

ゲシュタポは、潜伏者を効率的に発見する手口としてユダヤ人を「捕まえ屋」に仕立てた。正確な数は不明だが、ベルリンだけでおよそ三十人の捕まえ屋がいたと考えられている。マックスを密告したイザークゾーンは、なかでも辣腕の捕まえ屋で、とくにヴァイトの作業所があるハッケシャー・マルクト一帯は、彼が精通する活動拠点のひとつだった。

「捕まえ屋」イザークゾーン

イザークゾーンは、捕まえ屋のなかでも少々特異な存在であった。多くの場合、ユダヤ人がナチスの手先になるのは、わが身と家族を守るためであった。彼らは自分や家族の身の安全を交換条件にナチスへの協力を強要されたのである。捕まえ屋たちは生殺与奪権を握るナチに怯え、言いなりになることでなんとか生き延びようとした。しかし、イザークゾーンは、そうした捕まえ屋の一般的なイメージとは少々異なっていた。

イザークゾーンは一九二一年、ベルリンに生まれた。捕まえ屋になる以前から、すでに彼には犯罪者の気質が備わっていたらしい。二十歳頃まで暮らしていた下宿屋の女主人ヘルタ・ファイゲはのちに、イザークゾーンは一見親切で人あたりのよい人間に見えるが、盗癖があり、同じ下宿の居住者たちが何人も被害に遭ったと語っている。腹に据えかねたファイゲがお宅の息子の盗癖をなんとかしてくれと父親に相談すると、どうかあの子に逆らわないでくれ、さもなければ息子は私たち両親のことも、あんたのこともゲシュタポに売るぞと脅すに違いないと懇願されたという。

こうした犯罪者気質に加え、彼が捕まえ屋として「能力」を発揮したのは、潜伏ユダヤ人に関する豊富な情報をもっていたからである。ある時期から身分証明書の偽造を手がけるようになった彼は、それを高額で潜伏ユダヤ人たちに売りさばいた。その一方で自分も潜伏生活を送りながらウンター・デン・リンデンのオペラ座で端役として出演し、ほかの潜伏ユダヤ人たちにもオペラ座の仕事を斡旋した。こうした一連の行動を通じて、彼は潜伏ユダヤ人がどこにいるか、どのように生活しているか、彼らがひそかに落ち合う場所はどこかといったことまで詳細に把握していたのである。

加えてイザークゾーンは、ユダヤ人でありながら熱狂的なナチスの信奉者だった。もっとも、だからといってさすがに彼も自分から好んで捕まえ屋になったわけではない。潜伏しているところを発見され、収容所送りの猶予と引き換えにナチスに協力するようになったのである。それでもイザークゾーンはゲシュタポの監視の目をかすめ、ユダヤ人から差し押さえた金品も隙があればくすねて自分の懐に入れた。発見したユダヤ人にも取引をもちかけ、高額の謝礼と引き換えに逃亡の手助けをしたり、そうかと思えば義理のあった昔からの知人を密告せずに見逃したりすることもあった。その後、いよいよドイツの敗戦が間近に迫ると、彼はこれまで貯めこんだ四万マルクの現金をもって行方をくらました。戦争が終われば、ナチスに協力して仲間を売った自分の身に何が起こるか、容易に想像できたからである。

なんとも強かな生きざまだが、ゲシュタポに対してさえ裏をかいて生き延びようとした執念と狡猾さは圧巻である。これほどのやり手であれば、マックスが罠にかかるのも無理からぬことだったのだろう。

壊滅した隠れ家

ホルン一家の潜伏が露見したのは、マックスだけが原因ではなかったかもしれない。というのも、同じ頃マックスの父親のカイムが作業所でシュテラ・キュブラーという美女と談笑している姿をヴァイトの妻エルゼが目撃しているからである。キュブラーもまた、腕利きの捕まえ屋だった。もとはキュブラー自身も潜伏生活者であったが、一九四三年春に両親がナチスに捕えられ、両親の身の安全と引き換えに捕まえ屋になったのである。

こうして、ヴァイトが必死に守ってきた二か所の隠れ家はあっけなく摘発された。ホルン一家もアリスの一家も連れ去られた。では、ヴァイトに協力してユダヤ人を匿っていたポルシュッツやダイベルの自宅はどうなったのか。

幸い、このときの摘発がポルシュッツやダイベルにまで及ぶことはなかった。マックス自身、ヴァイトの協力者たちの存在も、その協力者たちがユダヤ人を匿っていることも知らなかったからである。とはいうものの、そこが安全な隠れ家であり続けたかといえば、残念ながらそうではなかった。

ポルシュッツもまた、自分のアパートでユダヤ人を匿えなくなっていた。一九四三年三月に、同じアパートの下の階に潜伏していたユダヤ人の夫婦が逮捕された。妻は射殺され、夫も重傷を負った。危険を察知したポルシュッツは、匿っていたユダヤ人のうち、ルチー・バルホルンとグレーテ・ゼーリッヒのふたりを彼女の実母に預けた。娘と同じへドヴィヒの名をもつポルシュッツの母は、娘の救援活動の理解者だったのである。一方、ベルンシュタイン姉妹のためには、市内に別の隠れ家を見つけた。ポルシュッツは、姉妹が別の隠れ家に移ったのちも彼女たちと連絡をとり続けた。

しかし、その実母の家も安全ではなかった。グレーテ・ゼーリッヒの弟レオが捕まえ屋に引っかかり、居場所を口外してしまったからである。捕まえ屋はヘルマン・ラッハマンといい、レオと同年代の男だった。だが、レオは姉のグレーテやアリス、ダイベル等とともに精力的に反ナチ活動にかかわってきた人物である。無邪気な十六歳のマックスとは違い、密告の危険性も熟知していたレオが、なぜ捕まえ屋にかかってしまったのか。それは、ラッハマンとレオがともにダイベルに匿われていた潜伏者仲間だったからである。

もともとレオはダイベルに匿われてグロスベーレン通りにいた。だが一九四四年春、そのグロスベーレン通りの潜伏先が摘発された。密告者は、ダイベルがその頃新たに匿った三人の「避難民」だった。彼らは爆撃で自宅を失ったと訴え、ダイベルの隠れ家に潜り込んだのである。

この摘発で、その場にいた潜伏者全員が逮捕された。ラッハマンもそのひとりだった。だが彼は逮捕後、アウシュヴィッツ送りを猶予されることと引き換えに、捕まえ屋になっていたのである。からくも逮捕を逃れ、その後ポルシュッツの実母の家に移ったレオは、ラッハマンが捕まえ屋になったことを知らなかった。久しぶりに会った仲間に心を許し、互いの無事を喜び合ううちに近況を話してしまったのだろう。

こうしてレオは集合収容所に連行された。ポルシュッツは、レオのために着替えをもって集合収容所に出向いた。そこで彼女を待っていたのは長時間の尋問であった。ほかにもまだユダヤ人を匿っているだろうと疑われたからである。とくに厳しく追及されたのは、レオの姉グレーテの居所だった。ポルシュッツはすでにポルシュッツの実母の家を出て、婚約者とともに別の隠れ家に移っていた。ポルシュッツはグレーテのために食料を運び続けていたが、どれほど尋問を受けても一切口を割ることはなかった。

ヘルト夫人の働き

ヴァイトがユダヤ人たちのために確保した隠れ家は壊滅した。匿われていたユダヤ人たちも連行されてしまった。「手入れ」から間もなく、インゲはヴァイトを訪ねている。そのときのヴァイトの姿に彼女は胸をつかれた。「そこにいたのは、打ちのめされた孤独な老人だった。怖いもの知らずだったかつての面影は、もうどこにも残っていなかった」

普通なら、ユダヤ人救援活動はここで終わりになるところであろう。

しかし、ヴァイトは違った。

彼はなおも力を振り絞った。何か自分にできることはないかと必死で探した。

ヴァイトが最初にとった行動は、集合収容所所長ヴァルター・ドベルケの買収だった。ホルン一家とアリスの一家が連行された翌日、ヘルト医師の妻インゲはヴァイトから預かった札束を抱え、グローセ・ハンブルガー通りの集合収容所に出向いた。ヘルト夫人はナチスとの交渉に長けていた。ヴァイトの頼みで集合収容所に足を運ぶのも、このときが初めてではなかった。

すでにナチスの手に落ちたユダヤ人に対して、名もない民衆が介入できる余地などあるはずはなかった。それでもヴァイトは行動せずにいられなかったのである。もはや多くを望むことは不可能であった。ヴァイトの望みはたったひとつ、アリスをアウシュヴィッツに送らないでほしいということだけだった。晩年ヘルト夫人は、このときのドベルケとの面会をこう振り返っている。

（ヴァイトの要望を伝えると）ドベルケは、自分にできることは何もないと答えた。でも、私はそれには構わず、現金を財布ごと机の上に置いて帰ってきた。するど、アリスは戻ってきたのだ。とりあえず一時的に戻ってきただけではあったが。しばらく経って収容所に送られはしたが、移送先は（アウシュヴィッツでなく）テレジエンシュタットだった。

（レギーナ・シアー『星の影に』筆者訳）

4-12　インゲ・ヘルト　1940年代

ゲットーに救援物資を

アリスは、釈放された。この釈放が賄賂の成果である

ことは誰の目にも明らかだった。現存するアウシュヴィッツへの移送者リストには、アリスの名前が残っている。ヴァイトの交渉がなければ、彼女は次の日アウシュヴィッツに送られる運命であった。ドベルケはヴァイトの希望を受け入れ、アリスの名を移送リストから削除したのである。一方のホルン一家は、逮捕からわずか数日でアウシュヴィッツに送られた。

ドベルケは釈放と引き換えに、アリスに取引をもちかけた。もしアリスが自発的に集合収容所に戻ってくるなら、両親もアウシュヴィッツ行きにはせず、三人一緒にテレジエンシュタットに送ってやる、戻ってこないなら両親はアウシュヴィッツ送りだと。

一か月後、アリスと彼女の両親はテレジエンシュタットのゲットーに収監された。ユダヤ人を匿っていたことが露見したヴァイトには、何の処罰もなかった。おそらくは、それもまた賄賂の力だったと思われる。

ヴァイトが次にとった行動は、テレジエンシュタットに救援物資を送ることだった。アリスたちの収監が決まった一九四三年十月から翌四十四年の十月までの約一年間に、彼は計百五十三個もの小包をテレジエンシュタットに送っている。平均すればほとんど二日にひとつという、途方もない数である。戦局が悪化し、国民生活にも物資不足が色濃く影を落とすなかで、ヴァイトは食料から衣類、靴、薬品にいたるまで、入手できるものならなんでも手当たり次第に集め、ひたすら箱に詰め込んでは送り続けた。もちろん、すべて闇での入手である。物資の調達にはヴァイトの妻エルゼ、ポルシュッツ、トロストラー、そしてヘルト夫妻らも協力した。

正確な人数は不明だが、テレジエンシュタットにはアリスたち親子のほかにも、作業所の従業員だった者やその家族を含め、ヴァイトとかかわりのあった人びとがいた。そのなかには、盲の従業員もいた。作業所で経理を担当していたバッシュとその家族もいた。ヴァイトたちに重要な警告を与えたウィーンのゲレもいた。ゲレはその後ウィーンに戻るとすぐに、テレジエンシュタットに移送された。要するに「用済み」ということである。

小包を受け取ったユダヤ人たちからは、感謝を伝えるはがきが送られてきた。礼状の文面は、検閲を意識した当たり障りのない文章に抑制されているが、それでも彼らがどれほど小包を待ちわびていたかがはっきりと見てとれる。

ただひたすら待ちわびた命の証が届いたことに心からの感謝を送ります。どうか、またすぐに次の便りをください。

ヴェルナー・バッシュ（一九四四年三月二十六日）

（ディアナ・シュレ『「……素晴らしい小包に込められたあなたの献身的な愛情に幾度も感銘を受けています」——テレジエン・ゲットーに捕えられた人びとのためのオットー・ヴァイトの救援活動』筆者訳）

ゲットー生活の苦難は飢えだけではなかった。バッシュの老母フルダは、物資への感謝とともに社会から隔絶された日々の苦しみをこんなことばで伝えてきた。

親愛なるオットー様！

私も、子どもたちも元気でいることをお伝えします。私とヴェルナーに小包を送ってくださってありがとうございました。小包の中身の何もかも、なかでも素晴らしいシロップは本当に嬉しかったです。たくさんのお仕事があるにもかかわらず、努力とお金を厭わずにしてくださったご厚意に感謝します。メッツァー通り五十五番地にいるグレーテ・ラーゲマンさんに、どうか私からよろしくと伝えてください。彼女は夜ならば連絡がつきます。彼女に、もっと頻繁に私に便りをくれるようにと伝えてほしいのです。それから、私たちのことについて尋ねてくれるそのほかの友人たちにも、どうか私を忘れないでほしいと伝えてください。あなたもまたすぐに便りをください。皆様の健康をお祈りしています。昔からの馴染みである私たち全員からの心からの挨拶を送ります。

感謝を込めて、あなたの義妹

フルダ・バッシュより（一九四三年十一月十三日）

（同書）

フルダ・バッシュとヴァイトの間に姻戚関係はない。だが、誠意を尽くしてくれるヴァイトとの関係を兄妹にたとえることで、彼女はヴァイトと自分たちとの人間同士の絆を確認したかったのかもしれない。

ヴァイトは、立場上の制約を超えて自分たちを助けてくれたゲレにも小包を送った。ゲレからはこんな文面の礼状が送られてきた。

大好きなパパ！
あなたからの小包、一九四四年三月八日に確かに受け取りました。
ありがとう！

ロベルト・ゲレより（一九四四年三月二十三日）

（同書）

テレジエンシュタット・ゲットー

だが、ここにひとつの疑問が生じてくる。ヴァイトはなぜ、ユダヤ人たちに物資を届けることができたのか。収容されたユダヤ人に救援物資を送り、しかもそれを受け取った収容者たちから便りが届いていた事実は、一般に知られる「ナチスの収容所」のイメージとは異なっているように思われる。そこで、このことを理解するために、テレジエンシュタットがどのような場所だったのか説明しておきたい。

すでに述べたとおり、ナチスの収容所はすべてが絶滅収容所だったわけではなく、機能によっていくつかの種類があった。そのなかで、テレジエンシュタットはゲットー（ユダヤ人の隔離居住区）、強制収容所、通過収容所の機能を併せもつ独特の施設だった。他の強制収容所と同様に、収容者たちには強制労働が課せられた一方で、施設と居住者の管理運営は、いちおうユダヤ人の自治に任されていた。自治といってももちろんナチスの監視下においてであり、真の自由とは程遠かったが、それでもアウシュヴィッツなどに比べれば「ましな施設」だったことは確かである。

ベルリンのユダヤ人たちの間では、テレジエンシュタットは「ユダヤ人協会で功績のあった幹部職員や、高齢者を収容するための優遇的な収容所」と認識されていた。実際、ベルリンからここに移送されたユダヤ人は、その多くが高齢者や病人だった。八十六歳になるアリスの祖母レギーナ・グンダーマンもそうしたひとりだった。テレジエンシュタットには、六十五歳以上の者を収容する「高齢者ゲットー」があった。

ユダヤ人協会の幹部職員がここに送られたというのも本当だった。移送者リストの作成に限らず、彼らは立場上、否応なくナチスに協力させられていたからである。要するに、ナチス国家に貢献した「見返り」ということであった。バッシュ夫妻がテレジエンシュタットに送られたのも、バッシュの妻イルゼがユダヤ人協会の職員だったからである。テレジエンシュタットには、第一次世界大戦で負傷したユダヤ人の傷痍軍人や、軍功のあった者も収容された。「福祉棟」と称する一角には盲人ゲットーも作られ、一九四二年九月には一千人の盲人がここにいたことが知られている。収容者のひとりで、かつてヴァイトの作業所で雇われていたイルマ・レスナーという盲人女性は、「私はここの盲人ハイムで暮らしています。マットレス作りの仕事をしています。仕事はとても気に入っています」とヴァイトに書き送っている。

4-13　テレジエンシュタットに収容された十四歳の少女の絵「仕事に行く盲人たち」 1943年

テレジエンシュタットには、著名な画家や音楽家、学者、作家たちも移送されてきていた。ゲットー内には公共図書館が築かれ、六万冊を超える蔵書があった。コンサートや芝居、各種の講義も開催された。ゲットー内で暮らす子どもたちのためには、「学校」教育も提供された。子どもたちは絵画や詩を学び、苦悩や悲しみを絵やことばで表現する術を教えられた。収容者のひとりとなっていたレオ・ベックは衰弱した身体に鞭打って神学の講義を開き、ユダヤ教の教えを説いた。

だからといって、テレジエンシュタットという独特の場所でユダヤ人たちが多少の不自由はあっても平穏な日常を送ったと考えるのは誤りである。収容者は飢餓にあえぎ、チフスが蔓延した。テレジエンシュタットにゲットーが作られた一九四一年から一九四五年までに移送されてきたユダヤ人十四万四千人の

4-14　ゲットー内に作られた火葬場。テレジエンシュタットでは死体は土葬ではなく火葬によって処理された

うち、三万人以上がここで命を落とし、九万人近くがアウシュヴィッツ等の絶滅収容所に送られた。ここに収容された者のなかで、終戦まで生き延びることができた者はごくわずかだった。ある生存者は、テレジエンシュタットについてこう語っている。

「アウシュヴィッツが地獄ならば、テレジエンシュタットは地獄の控室だった」

テレジエンシュタットは、ナチスがプロパガンダに利用したゲットーという点でも特殊だった。ナチスは赤十字の視察を許可し、テレジエンシュタットがユダヤ人の楽園であるかのように演出した。視察者へのアピールのため、ゲットーが急ごしらえで整備された。植物が植えられ、家々にはペンキが塗られ、集会所やコンサートホールが建てられた。カフェさえも作られた。ゲットーの代表者であるユダヤ人長老会議議長パウル・エプシュタインは、ゲットー内の悲惨な実態を隠してナチスの茶番につき合った。ゲットー内の住民たちを危険にさらさないためである。彼は正装して視察団に挨拶し、「申し分のない」ゲットーでの生活ぶりを視察団に紹介した。その一方で、ここに収容された画家たちはナチスに隠れてゲットーでの生活の「実態」を描き、テレジエンシュタットの真実を命がけで後世に伝えようとした。

さて、ヴァイトの救援物資に話を戻そう。テレジエンシュタットでは、収容所の外の人間との手紙のやり取りが許されていた。もちろんナチスの検閲を受けるから、内容には制約があったが、少なくとも手紙を通して自分たちの無事を伝えることは可能だった。さらに、収容者たちには収容所外から送られてきた小包を受け取ることも認められていた。ただし、ひとりの収容者が同じ相手から受け取ることのできる小包は、一か月に一個までに制限されていた。ヴァイトは知恵を絞り、盲人作業所に残っていた従業員やその家族の名前を「差出人」として使った。あたかも何人もの送り手がいるかのように演出するためである。この頃になると、作業所の従業員は半ユダヤ人と呼ばれるユダヤ人とドイツ人との混血や、ドイツ人を配偶者にもつ者ばかりになっていた。

4-15　収容者によるデッサン画「東方への移送」

アウシュヴィッツへ

月日は過ぎていった。戦後のアリスの証言によれば、テレジエンシュタットでは、ヴァイトの救援物資のおかげで二十五人のユダヤ人が命をつないだという。ヴァイトが物資を送った相手は、正確に把握されているだけでも十七人に及んだ。一方で、この頃ヴァイトの作業所は経営が思わしくなくなっていた。従業員を次々に奪われたうえに、代わりの人手の補充も十分でなく、注文はあってもそれに応じきれない状況に陥っていたからである。

アリスの一家がテレジエンシュタットに移送されて半年ほど経った一九四四年五月、アリスからヴァイトに一通のはがきが届いた。そこにはアリスと彼女の両親が、今まさにテレジエンシュタットからビルケナウの収容所に移送される途中であることが記されていた。すでに述べたとおり、テレジエンシュタットは各地から連れてこられたユダヤ人たちを一時的に収容し、そこからさらに他の収容所に移送するための「通過収容所」でもあった。記録によれば、このとき二五〇三人のユダヤ人がビルケナウに送られている。

ビルケナウは、広大なアウシュヴィッツ収容所の一部であった。日本でアウシュヴィッツといえば絶滅収容所というイメージが強いが、実際にはアウシュヴィッツはいくつかの強制収容所を併せもった巨大な複合収容所であり、アウシュヴィッツ全体が絶滅収容所だったわけではない。ビルケナウは、そのアウシュヴィッツのなかの絶滅収容所だった。ちなみにビルケナウは、人種論を信奉するナチスの医師ヨーゼフ・メンゲレが主任医師を務めた施設であり、彼がここで双生児や障害児に残忍な人体実験を繰り返したことでも知られている。

一九四一年にアリスが作業所の従業員となって以来、ヴァイトはアリスを守り続けてきた。過酷な強制労働から庇い、強制移送が始まるといちはやく潜伏先を確保した。ゲットーに送られてもなお、ヴァイトは食料や薬を送り続けた。彼女を死から救うためである。ちなみに、ヴァイトがテレジエンシュタットに物資を送り続けたのは、彼がゲットーの悲惨な実態を把握していたからだと考えられる。彼に情報をもたらしたのは、ローゼンタルの仲立ちで知り合った反ナチ活動家ヴェルナー・シャルフ（第三章を参照）だったろう。シャルフは潜伏生活を送っているところをゲシュタポに発見され一度はテレジエンシュタットに送られたが、強靭な精神力と行動力でゲットーを脱走し、ベルリンに戻ってきていたのである。

だが、そのアリスはヴァイトの手の届かないところに行ってしまった。今やアリスの腕には、アウシュヴィッツの囚人であることを示す収容番号の入れ墨が彫られていた。

アリスはアウシュヴィッツで何を目にし、何を体験したのか。われわれには知る由もない。だが、彼女がアウシュヴィッツに足を踏み入れた瞬間の衝撃をつづったこんなことばが残っている。

アウシュヴィッツ
五十キロにも及ぶ有刺鉄線
それが最初に目に映ったもの　なんと希望に満ちた出迎えか
電流の流れる鉄線
もしこの鉄線が声をあげられたなら　伝えてくれるだろうか
われらが誰のために復讐しなければならないかを
空腹にうめく胃袋を抱え　もはや立っていられないわれらが
数えきれないほどの友の死体を避けて歩かねばならないわれらが

ああ　だがいかなる苦しみがあろうとも
われらはあらゆる時代におけるもっとも強き民族
抑えがたい意志がわれらにはある
ふたたび新たな地を踏みしめること
築くこと　創造すること　そして生きること
最良のものを手にし　もっとも美しいものを与えること
だからあらゆる力を結集せよ　そして忍耐せよ
そうせねばならないのだ　ここから解き放たれたいからこそ
間もなくその日がやってくる
そのとき突然天空が晴れわたる
理解できるただひとつのことば
憧れを込めて　夜の闇のなかで平和と呼んだものが

（アリス・リヒト「詩」一九四四年四月、筆者訳）

ここに見てとれるのは、極限状況に追い込まれてもなお、ここで死んではならないとわが身を鼓舞するアリスの意志の強さである。

一方、ヴァイトはビルケナウに行くことを決意する。彼はまず、収容所に出入りするチャンスを作り出すため、次のような手紙をビルケナウに送った。

さまざまな収容所やベルリン・ゲシュタポへの納入業者として、私どもの選りすぐりの製品をご提供したく存じます。

住居用の箒

庭用の箒

長い柄付きのたわし

道路用の箒

オフィス用の箒とブラシ

事前にお試しいただけるよう、これらの製品について、一九四四年六月十二日から二十日の間にサンプルを差し上げたいと存じます。

ハイル・ヒトラー！

オットー・ヴァイトより

（オットー・ヴァイト「手紙」一九四四年六月、筆者訳）

当然ながら収容所からは何の回答もなかった。それでもヴァイトはビルケナウに出かけて行った。盲人であることを公的に示す腕章を巻き、眼鏡をかけて延々と収容所の門の前で立ち尽くした。しかし、アリスに会うことはできなかった。

収容所からの救出

それから間もなく、アリスはビルケナウからクリスティアンシュタット（現在のポーランド領）の強制収容所に移される。アリスがこの収容所にいることを突き止めたヴァイトは、ふたたびポーランドに赴いた。彼にアリスの居場所を伝えたのは誰だったのか、今となっては知る由もないが、そこでヴァイトは今度こそアリスに連絡をとることができたのである。収容所では、現地のポーランド人労働者も働かされていた。そのなかのひとりが、わずかな報酬と引き換えにアリスを見つけ出してくれたのである。一九四四年十一月末、その親切なポーランド人男性は、アリスと話ができたことをたどたどしいドイツ語でヴァイトに伝えてきた。ことの発覚を警戒し、差出人名にJという頭文字だけを記した手紙のなかで、男性は「娘さんは、お父さんからの素晴らしい小包と手紙を受け取って、それにお父さんが元気でいることもわかって、とても喜んでいました」とつづり、ヴァイトのためならどんな手助けでもしたいと率直なことばで語っている。このポーランド人は当初、ヴァイトのことをアリスの父親だと思ったらしい。かつて作業所の従業員たちみながそう呼んだように、アリスがポーランド人男性の前でヴァイトのことを「パパ」と呼んでいたからである。

さらにこの手紙の文面からは、ヴァイトが男性の子どもにクリスマスプレゼントを贈ったことや、アリスに食料を届けたこともうかがえる。

こうしてヴァイトはふたたびアリスと連絡をとることができるようになった。ポーランド人労働者はヴァイトに共感し、次第に深い友情を感じるようになっていった。彼は決して報酬のためではなく、ヴァイトとアリスを助けたいという純粋な思いからふたりに協力したのである。ナチスの圧政に苦しんでいたポーランドの民衆が、ドイツ人であるヴァイトに誠意をもって協力してくれた事実は重要である。

物資を手渡すことに成功したヴァイトは、次の行動に出た。彼はクリスティアンシュタット収容所のそばに部屋を借りた。数か月分の家賃を前払いし、部屋のなかにアリスのための着替えと現金を用意した。脱走の準備である。ヴァイトはこの内容をしたためた手紙に部屋の鍵を添えて、ふたたびポーランド人に託した。

アリスに運が巡ってきたのは、一九四五年が明けてすぐであった。この頃になると、もはやドイツの敗色は濃厚になっていた。ナチスが作り上げた収容所にも東からはソ連軍が、西からは米英軍が迫っていた。ナチスの親衛隊将校たちは先を争って収容所から撤退した。ナチスの蛮行を隠蔽するために収容所は破壊され、歩ける体力の残っている収容者を徒歩でドイツ勢力圏内の収容所へと移動させる「死の行進」が始まった。

アリスはこの混乱に乗じて、収容所内で親しくなったマリオン・アイゼンシュタットという女友達とともに行進の列から逃亡し、ヴァイトが用意していた部屋にたどり着いた。戦後になってヴァイトは、アリスが十四名の収容者とともに脱走したと語っているが、その詳細は不明である。

こうして二月三日、アリスはベルリンに戻り、ヴァイト夫妻の自宅に匿われて終戦を迎えたのである。

終戦

一九四五年五月八日、ドイツの敗戦によってナチスの支配は終わった。焦土と化した祖国で、ドイツ国民は生きるための新たな闘いを始めなければならなかった。飢餓の苦しみだけではない。連合軍の報復は苛烈を極めた。ソ連兵の性暴力の餌食となった女性の数は、ベルリンだけで十万ともそれ以上ともいわれた。多くの者が自ら命を絶った。ドイツが誇った膨大な美術品も、戦利品として劫掠された。何より敗戦によって、ドイツ国民は未曽有の悪行を成した犯罪国家の一員として、加害者の烙印を背負うこととなった。

終戦によって、ヴァイトたちのユダヤ人救援活動も終わった。十二年余に及んだユダヤ人迫害の元凶ヒトラーは、四月三十日に自害した。しかし、ヴァイトや彼の仲間たちが救おうとしたユダヤ人たちの多くは、もうこの世にいない。

アリスの両親、ゲオルクとケーテは、娘とともに移送されたビルケナウで絶命した。テレジエンシュタット・ゲットーでヴァイトからの救援物資を心待ちにしていた盲人作業所の経理担当、ヴェルナー・バッシュは、アリス一家とともにビルケナウに送られた後、さらにダッハウの強制収容所に移送された。バッシュはここで終戦のわずか三か月前に死亡した。ヴァイトが一時期、ホルン一家とともに作業所に匿っていた盲の従業員エリッヒ・フライは、その後別のドイツ人救援者に匿われ潜伏生活を続けていたが、一九四四年四月、ゲシュタポの摘発に遭い、妻とともにアウシュヴィッツに送られた。精力的な反ナチ活動家だったユダヤ人シャルフは、ゲットーから逃走してベルリンに戻ったものの、ふたたび捕えられてザクセンハウゼンで処刑された。

一方で、助かった者たちもいた。ヴァイト自身の証言によれば、彼と仲間たちの努力によって救うことのできたユダヤ人は、二十七人にのぼったという。

インゲと彼女の母エラは、何人もの救援者に匿われて収容所移送を逃れた。影となり日向となってインゲ母子を支えたローゼンタルも生きていた。

ポルシュッツに助けられた双子のベルンシュタイン姉妹も、ともに生き延びて戦後を迎えた。ポルシュッツ母子が手を差し伸べたグレーテ・ゼーリッヒも生きていた。だが、彼女たちを救ったポルシュッツ自身は、終戦を強制収容所で迎えた。一九四四年九月、彼女は逮捕され、禁固一年半の刑に処せられた。自宅にキャンデー十五袋を所持していたことと、出所不明の肉の配給券を第三者に与えたことから、「戦時経済犯罪」と「隠匿罪」に問われたのである。罪の程度に比して重すぎる刑が下されたのは、彼女がもともと闇市を生業の場としていたからであった。闇商人と頻繁に取引し、自宅を闇商品の隠し場所とするような人間に穏便な判決の余地はないと、判事は決めつけた。戦後のポルシュッツは貧困にあえぎ、持病に苦しんだが、彼女を救う者はいなかった。終戦から十余年が経過し、ユダヤ人を救った無名市民を顕彰しようというささやかな取り組みがベルリンで行われたときでさえ、ポルシュッツの行動が評価されることはなかった。彼女が娼婦だったからである。

ダイベルもまた、終戦のときシェーンバルデの懲罰部隊（処罰を受けたドイツ人兵士が最前線に盾替わりに配置された部隊）にいた。レオ・ゼーリッヒを売った捕まえ屋ラッハマンの自白によって、ダイベルがユダヤ人や政治的被迫害者を匿っていることが発覚したからである。

「終戦」によって、生き延びたユダヤ人たちはホロコーストから解放された。しかし、彼らにとってもそれですべてが終わったわけではなかった。終戦の直前、アリスはこんなことばを記している。

戻ること——幸福
かつて信じていた——わが完全な幸福
それは「戻る」というささやかなことばのなかにあるのだと
どんな道の途中にも　どんな夢も
「戻る」ことへと向かっていく　ただひとつ　ほとばしり出るような思い

時は瞬く間に過ぎていった
「戻る」ことを信じる以上に大切なものなど　もはや何もなかった
そして　戻ってきた今
私には道の先へと歩みを進める力はない
千もの鎖につながれ
わが身に鞭打つ音が聞こえる
それを受けねば　生きていかれないような　そんな思いにとらわれる
侮辱とののしりのことばが耳元で響く　（後略）

（アリス・リヒト「詩」一九四五年四月、筆者訳）

彼らの悪夢はまだ続いていた。壮絶な体験によってあまりにも多くを失った彼らが、そう簡単に日常に戻れるはずはなかった。

別　離

戦後、生き延びたユダヤ人の多くがドイツを離れた。生涯癒えることのない深い傷と闘いながら、ふたたび人生を築き直さなければならない彼らにとって、すべてを奪った「祖国」ドイツで暮らし続けることは不可能だった。

インゲと彼女の母エラは、終戦の翌年イギリスに渡り、同国に亡命していたインゲの父マルティンと無事に再会した。ポルシュッツに救われたベルンシュタイン姉妹は、ニューヨークに新たな天地を求めた。

4-16　終戦後間もない時期のベルンシュタイン姉妹

ヴァイトが最後まで守り抜いたアリスもまた、一九四六年の夏アメリカに旅立った。終戦の直前、アリスは「『戻る』とは、ふたたび己を取り戻し、新たに生きること」だと記している。ナチス政権が成立したとき十六歳の少女だった彼女は、すでに二十九歳になっていた。家族を、友人を、青春を、そして約束されていたはずだった未来さえも、あまりに多くのものを失った彼女にとって、ドイツは「新たに生きられる」国ではなかったのである。

父よ　母よ　どこに
友よ　今どこに
かつて生きた足跡さえ見つからない
跡形もなく消えてしまった
煙となって煙突に押し込められなければならなかった
どこへ行くのかと問うことさえできず

そしてわれらは　われらは生きている　新たな時代を
未来に希望を託し
想像を絶する苦悩を超えて
おお　どうして理解できよう　どうして信じられようか
十二年もの忍耐と拷問ののちに
あなたたちのいない時代を生き続けなければならないなどと

それでも　時は止まらない
ざくざくと足音を立てて　時は進んでゆく

ぞっとするような荷物を積んで　急ぎ足で

だからわれらは明日を向く
全力で闘ってゆく
だが　あなたたちを忘れることは決してない
そしてああ　全能の神よ　どうか彼らに平安を
彼等に二度と会えぬことが　あなたの意思であるのなら

死者たちよ　それでもわれらはあなたがたに誓う
復讐を　そしてあなたがたの鉄の意志をいっそう強く鍛えあげてゆくことを
それこそがわれらの責務
そして平和のための　われらの使命なのだ

（アリス・リヒト「詩」一九四五年七月、筆者訳）

終戦から間もなく、彼女は右のようなことばを残している。アウシュヴィッツの地で、崩れそうになる己を鼓舞したように、アリスはふたたび立ち上がろうとしていた。それは彼女にとって、新たな闘いの始まりであった。

アメリカに移住したアリスは、その後ユダヤ系アメリカ人の男性と結ばれて家庭をもった。終戦から二年が過ぎた一九四七年、そのアリスにヴァイトから一枚の写真が送られてきた。盲導犬を連れたヴァイトの姿が写る写真の裏面には、こんなことばが添えられていた。

一九四〇年から一九四七年までに起きたすべてのことがいったい何だったのか。もしあなたが自分の心にそう問いたくなったとき、この写真を傍らに置いて静かに語りかけてごらんなさい。

4-17　ヴァイトがアリスに贈った最後の写真

「私には生死をかけた絆で結ばれたひとりの仲間がいた。もう二度と出会えない、最良の友が」

（オットー・ヴァイト「手紙」一九四七年）

それから間もなく、ヴァイトは心臓病で生涯を閉じた。一九四七年十二月二十二日、享年六十四。

むすび

ホロコーストはナチスが独裁体制のもとで秘密裡に遂行した政策であると、戦後長い間語られてきた。しかし、実際には多くの国民が収容所の存在を承知しており、そこで何が行われていたかも大なり小なり知っていたことが近年のさまざまな研究から明らかになっている。ナチス・ドイツは、政権末期の短い期間を除けば決して恐怖支配ではなく、国民の支持に基づく「独裁政権」だった。人びとが支持したのは、ヒトラーによってもたらされた経済的豊かさだけにとどまらなかった。国民の多くは、ナチスが国家の害悪とみなした人間たち——その最たるものがユダヤ人であった——を徹底的に排除し、殲滅させることにも暗黙の承認を与えたのである。だからこそ、国民は自ら進んでユダヤ人作家の書物を灰にし、ユダヤ人の住居に石を投げつけ、ユダヤ人はドイツから出ていけと叫んだ。十二年に及ぶナチス支配のなかで、ユダヤ人迫害がただの一度も後退することなく、「順調に」進行したのも、いわばサイレントマジョリティとしての国民の合意があったからである。

そうした状況のなかで、ユダヤ人に手を差し伸べた人びとはどのくらいいたのか。この疑問については、未だに正確な人数は把握されていない。潜伏ユダヤ人の救援に限ってみれば、これまでのところ、ユダヤ人ひとりを救うために少なくとも十人程度の救援者が必要だったと推測されている。ただし、状況によってはもっと多数の人間が必要であったろうし、単に人数だけの問題ではなく、隠れ場所を提供できる者、身のまわりの世話をする者、物資を闇で入手できる者、ゲシュタポの情報に精通する者や偽造身分証明書を入手できる者、さらにそうした活動全般を財力の面で支援できる者など、さまざまな能力や手段をもつ者同士が連携し合うことも重要であった。

このように考えてみると、ユダヤ人救援活動とは国家に背き、密告の目を恐れなければならない孤独な闘いでありながら、一方では共感しあえる仲間との絆によってもたらされた豊かな人間関係の産物でもあったことがわかる。

さらに、自ら積極的に救援活動に関与するにはいたらなくとも、間接的に救援者に協力することで善意を示した者たちもいた。本書に登場した精肉店主や農家の人びともそうであった。彼らは、自分が売った食料が誰の口に入るのかを薄々は知っていながら、救援者たちの求めに応じて食料を提供し続けた。圧倒的多数の国民がユダヤ人迫害に加担し、あるいはその苦難から目を背けたとされる一方で、ささやかな良心をもち続けた人びとも確実に存在していたのである。

「沈黙の勇者」たちが救援活動にかかわった動機や経緯はさまざまだった。親しい関係にあったユダヤ人の苦境を見かねて救援に及んだ者もいれば、ナチス独裁体制への批判を示す手段として活動に加わった者もいた。なかにはある日突然目の前にユダヤ人が現れ、助けてほしいと乞われて救援者となった者もいた。反ナチ活動にかかわる近年の研究によれば、救援者たちのおよそ七割は活動への関与を即断即決し、八割の者は他者に一切相談することなく行動を決断したという。その一方で、そうした彼らの決断の根底を支える人道的態度は、長年の人格形成の過程で経験と教育を通じて培われたものであることも指摘されている。多くの無名市民にとって、その心性と行動力を育んだのはそれまでの人生で出会ってきた身近な人間関係であり、そのなかで会得した価値観にほかならなかった。

ナチスの終焉によって、ユダヤ人への迫害は終わった。だが、それが完全な終息であったかといわれれば、そうではなかった。もともと、反ユダヤの感情は古くからヨーロッパ社会に根づいてきた意識であった。人びとのなかに存在してきた「嫌悪」を扇動し、「憎悪」にまで高めたのはナチスの思想であったとしても、その火種そのものはナチスが作り出したわけではない。戦争が終わっても、人の意識は簡単には変わらなかった。

オットー・ヴァイトは終戦から二年あまりを経た一九四七年十月、アメリカにあるユダヤ系雑誌「再建（デア・アウフバウ）」の編集部に手紙を送り、そのなかでドイツ社会に未だ潜在する反ユダヤの風潮をこう語っている。ごく最近ベルリンに越してきたユダヤ人一家の家では、窓ガラスが一枚残らず粉々にされ、外壁には「ユダヤの雌豚！」とペンキで落書きされた。こうした不穏な空気はベルリンに限らない。ハノーファー、ハンブルク、さらにその他の都市でも類似の事件が起こっている。人の心は簡単には変わらない。このまま放置すれば、いつかふたたび「水晶の夜」事件のような惨事が起こるだろうと彼は訴えた。ヴァイトのこの指摘は、ナチスの反ユダヤ政策がホロコーストにまで突き進んだ背景に、国民の潜在的支持があったことを明示している。

さて、本論では触れられなかった内容として、ここで戦後のヴァイトについてもぜひ触れておきたい。人の心がそう簡単に変わらないとすれば、救援者たちは戦後をどのように生きたのか。彼の戦後の活動は、その問いに対する答えをもっとも端的に示してくれるものだからである。

ヴァイトは一九四七年十二月に世を去ったが、終戦から死去までの約二年間、アメリカ駐留軍の助

5-1　ヴァイトが再建した孤児院の子どもたちと職員　1947 年

力のもとでユダヤ人のための老人ホームと孤児院の再建に尽力した。ホロコーストを生き延びた少数の高齢者と子どもたちにとって、ともに暮らしてきた家族はもはやこの世になく、帰る家もない。こうした人びとに対して、ヴァイトは「子どもたちのために小さな楽園を」、そして「（ナチスによってドイツ社会から排除され、ホロコーストを経て）ふたたび人生の漂流者となってしまった高齢者に、安心して暮らせる人生の岸辺を」と願ったのである。あらゆる物資が不足する敗戦国ドイツで、その運営は困難を極めた。先述の編集部への手紙も、老人ホームや孤児院の運営に必要な物資の支援を求めるために書かれたものであった。「子どもたちや高齢者が外出するときの暖かい衣服や靴が不足している。もし、雑誌購読者のなかに余分な衣服や靴をおもちの方がいたら、どんなものでもよいからどうか送ってほしい」という彼の依頼に、施設の運営がいかに困難であったかがあらわれている。

ヴァイトがなぜ、戦後も継続してユダヤ人への助力を続けたかは明らかでない。ただ、多くの「沈黙の勇者」たちには、救うことのできた命よりも、救えなかった命に対する悔恨が強く残った。実際、ヴァイトの救援仲間のひとりであったゲルナーは、救おうとした従業員男性のひとりがアウシュヴィッツに移送されてしまったことを悔い、十四歳だった彼の娘を自分の養女として引き取っている。

ゲルナーにとって、それは償いの行為であった。しかも彼が娘を引き取ったのは戦後ではなく、まだナチスの支配が続いていた一九四四年である。彼はこの娘を全力で守った。通い始めた学校で彼女が嫌がらせを受けると、「うちの娘が差別に遭っている」と学校に苦情を申し立て、それがもとで逮捕までされている。多数の従業員たちを失ったヴァイトにとってもまた、老人ホームや孤児院の再建は、彼らを救えなかった後悔の念を鎮めるせめてもの手段だったのかもしれない。

最後に、戦後のドイツでかつてのユダヤ人救援者たちがどのように評価されたかについても述べておきたい。

本書の冒頭でも若干触れたが、戦後分断された東西ドイツのいずれにおいても、人びとがユダヤ人救援者たちに関心をもつことはなかった。そうしたなかでユダヤ人救援活動の実体を究明し、自身や同胞を救ってくれた恩義に報いようと動いたのはユダヤ人たちだった。一九五六年、ユダヤ人ジャーナリスト、クルト・R・グロスマンは新聞紙面を通じてユダヤ人の救援にかかわった人びとの情報提供を呼びかけた。集まった情報は百件を超え、それをもとに翌年『称えられない勇者たち——暗黒期のドイツにおける人びと』が出版される。グロスマンは、出版の意図を「わが祖国は正しかったか否か」を問うことにあるとし、未だナチス期の現実を直視しないドイツ国民を糾弾した。

グロスマンの呼びかけに呼応した西ベルリン・ユダヤ人協会は、二千マルクを拠出し「称えられない勇者たち」基金を創設した。これを原資として西ベルリンは一九五八年に「称えられない勇者たち」の顕彰事業を開始する。事業を主導したのは、自身も「二分の一ユダヤ人」として迫害と潜伏生活を体験した同州内務大臣ヨアヒム・リプシッツであった。

この事業は一九六〇年四月の法律化を経て一九六六年まで続き、顕彰を受けた西ベルリン市民の数は七六〇人にのぼった。そのなかにはヴァイトの未亡人エルゼや協力者であったゲルナー、ダイベルも含まれていた。

「称えられない勇者たち」顕彰事業は、ユダヤ人救援活動に尽力した無名市民の存在を公に認めたという点では画期的だった。だが結局この事業が他州に拡大することはなかったし、ユダヤ人救援者に着目したのも、事業を牽引したユダヤ人と一部のドイツ人関係者にとどまった。

それからおよそ四半世紀を経て、ユダヤ人救援者たちはようやく学術的にも社会的にも重要な関心の対象となった。以来、暗黒の時代に良心を貫いた彼らの実像は、「ナチス期ドイツのもうひとつの歴史」を示す証として、さらにはドイツ国民、とりわけ次代を担う青少年に「人間としての普遍的な価値」を伝える好事例として、精力的に検証作業が進められてきた。二〇〇一年三月、連邦大統領ヨハネス・ラウは次のように演説した。

「青少年が学校でドイツ史を学ぶならば、加害者、同調者、傍観者だけでなく、ユダヤ人に協力した人びとや救援者たちについても知るべきだ。彼らの存在もまた、第三帝国時代の真実である」

ラウのことばに呼応するように、国内の各所に「沈黙の勇者」の存在を伝える記念碑が設置された。彼らの思考と行動を題材とする各種の学校教材が制作され、二〇一八年二月にはベルリン市中心部にある「ドイツ抵抗運動記念館」に「沈黙の勇者たち」を展示するフロアも新設された。

こうした取り組みを通して、「沈黙の勇者」たちの存在と彼らが示した「市民的勇気」への認識は、ドイツ社会に浸透しつつある。

だが、ドイツは今、ふたたび時代の岐路に立っている。

二〇二〇年一月二十七日、アウシュヴィッツ収容所は解放の日から七十五年を迎えた。この日に先立ち、エルサレムのホロコースト記念館で行われた追悼式典において、連邦大統領フランク＝ヴァルター・シュタインマイヤーは「加害者はドイツ人だった。私は歴史的な罪の重荷を背負ってここに立っている」と述べたうえで、「邪悪な精神は今日、反ユダヤ主義、人種差別、独裁主義といった新たな外見をまとって現れている。ドイツ人は歴史から学んだと言えればよかったが、憎悪が広がるなかで、そのように言うことはできない」として、ドイツの現状に警鐘を鳴らした。

移民・難民が増加し、人びとの多様性がますます進むドイツで、他者に対する憎悪や嫌悪もまた、より複雑化している。戦後の歴史教育のなかで、ドイツの生徒たちは一貫してナチス・ドイツは加害者であり、ユダヤ人は被害者だと教えられてきた。だが今日では、そうした内容の指導自体に困難が生じ始めている。その要因はパレスチナ系の移民をはじめ、ユダヤ人を「被害者」に位置づけることに強い拒否反応を示す生徒の存在である。彼らにとってユダヤ人は「加害者」であって被害者ではありえないのである。そうしたなかで、すべての子どもたちが受け入れられる歴史教育とは何かを模索する試みは、まだ始まったばかりである。

加害者が正義でないのと同じく、被害者、弱者もまた「正義」ではない。彼らはただ、被害者であり弱者である。そして加害者と被害者、強者と弱者の関係もまた、歴史のなかでは相対的なものであり、その立場は常に逆転する可能性をはらんでいる。

このように揺らぎ続ける価値観のなかで、ヴァイトとその仲間たちのユダヤ人救援活動は、いかなる観点から評価されるべきであろうか。

障害のあるユダヤ人を含め、ヴァイトたちが救援を試みたユダヤ人は大多数が収容所に移送され、結局生命を絶たれた。しかし、そのことは彼らの行為の価値を低めるものではない。障害者としての差別を経験し、さらにユダヤ人としての人種的苦難を強いられてきた人びとにとって、ヴァイトの作業所は人間としての処遇と誇り、尊厳を与えられた人生最後の場所となった。同時にそこは、人種の違いや障害の有無を超え、人間同士の信頼と結びつきを確信する場所でもあった。

他方で、ヴァイトにとってもユダヤ人たちは単なる救援対象ではなかった。自分たちを心から慕い、信頼を寄せるユダヤ人たちの存在は、障害者として社会のなかで「弱者」の位置に追いやられてきた彼に、人としての誇りを与えてくれるものだったろう。それは娼婦として蔑まれてきたポルシュッツにとっても同様だった。ヴァイトたちはユダヤ人に多くのものを与えたが、ユダヤ人たちもまた、ヴァイトたち救援者に多くのものを与えてくれたのである。過酷な時代であったからこそ、彼らは互いに深く結びつくことができたのかもしれない。

虐げられ、追い詰められた人びとがそれでもなお、他者のために一命を賭した行動こそ、ヴァイトたちの救援活動であった。戦後七十五年の時を経ても彼らの行動が意味を失わないとすれば、人が他者のために生きるとはいかなることかという、きわめて普遍的な問いへの答えがそこにあるからである。

あとがき

著者は久しく障害児教育史に携わってきた。この間常に葛藤してきた問いがある。それは、過去の人びとの「生」を明らかにし、現代に伝えていくという仕事が社会にとってどんな意味をもつのかというきわめて根本的な疑問だった。今から二十年以上も前、博士論文の準備のために訪れたアメリカの図書館で、現地の図書館員からこんなことを言われたことがある。

「百年も二百年も昔のことなんて、よく興味をもちますね。私たちは、今と未来のことを考えるだけで精いっぱいですよ」

研究の世界に身を置く者として、なぜそれを探るのかと問われたとき「自分が知りたいから」では済まない。社会への貢献、それも目に見えるかたちで世の中に役立たなければ、研究としては認められない時代である。過去を掘り起こしても、それが即座に現代社会の変革に結びつくわけではない。しかも、「過去」は基本的に寡黙である。死んでいった人びとは、もはや自分から何かを語ることはない。テレビやインターネット上に現れて自説を主張することも、行動する姿を動画で公開することもない。生ある者が静かにその声に耳を傾けようとしない限り、死者たちの「かつての生」は、今を生きるわれわれとつながることはないのである。

本書の執筆作業のさなか、新型コロナウイルスが世界を襲った。未知のウイルスを前に、ある日突然日常は一変した。連日のニュース報道はコロナウイルス一色となった。今なお終息が見通せないなかで、ウイルスとの闘いは続いている。それぞれの場所で、それぞれの立場で。

過去を伝えるという仕事は、現代社会にとっていかなる意味をもつのか。その答えはいろいろあるだろう。ただ、ナチス・ドイツという極限の時代を生きた無名な人びとの姿に接した今、改めて思うことがある。人とは強いものだ。ときに脆いが、しかし同時にとてつもなく強くもなり得る存在なのだと。

今を生きる者も、そしてこれから生まれくる者も、やがては誰もが「過去の存在」となる。だからこそ、力強く生きた過去の人びとは、次代を生きる者の苦しみに寄り添い、行く手を照らすよすがとなる。そうであるならば、歴史研究者に何より求められる役割とは、次代を励ます「語り部」である。地位も権力も財力も一切ない「持たざる人びと」が、過酷な時代をいかに生きたか。常識的にみれば不可能としか思えない状況に置かれても、いかに活路を見いだし、大切なもの——ユダヤ人の生命と自らの良心を守り抜いたか。それを知ることは、人間という生物のもつ強さを知ることである。

本書の執筆にあたっては、多くの方々にお世話になった。なかでもマルティナ・フォイクト氏をはじめオットー・ヴァイト盲人作業所記念館の関係者には、長時間に及ぶ私の質問にいつも丁寧に対応していただき、刊行に際しては、同館所蔵の貴重な資料もご提供いただいた。心より御礼申し上げる。

最後に、本書の出版を引き受けてくださった明石書店取締役社長の大江道雅氏に深く感謝申し上げたい。本書の計画について相談した際、氏がその内容を「希望の物語」だと評してくださったことは、執筆を進めるうえでの大きな励みとなった。また編集者の辛島悠氏には、新型コロナウイルスが蔓延する混乱と不安のさなか、常にきめ細かい配慮をいただいた。

本書を手にしてくださった方々が、現代よりもはるかに過酷な時代を生きた人びとの姿に何かを感じ取ってくださったならば、「語り部」として望外の喜びである。

二〇二〇年五月

岡　典子

im Ghetto Theresienstadt 1943-1944, Berlin 2012.

4-13

Tuchel, Johannes, *Hedwig Porschütz. Die Geschichte ihrer Hilfsaktionen für verfolgte Juden und ihrer Diffamierung nach 1945,* Berlin 2010.

4-8, 4-9, 4-16

akg-images.

2-11

「Romanisches Café」『Wikipedia　ドイツ語版』(https://de.wikipedia.org/wiki/Romanisches_Caf%C3%A9) 2020年4月17日取得

1-7

©Gedenkstätte Deutscher Widerstand

1-1, 1-2, 1-5, 1-6, 2-6, 3-3, 3-8, 3-9, 3-17, 4-4, 4-6, 4-10

Privat/Reproduktion Gedenkstätte Deutscher Widerstand

1-9, 2-2, 2-5, 3-1, 3-4, 3-6, 3-13, 3-16, 4-5, 4-12, 4-17, 5-1

Sammlung Eickemeyer, Berlin.

3-2

筆者撮影

1-3, 1-4, 2-1, 2-7, 2-10, 2-12, 2-16, 2-17, 3-7, 3-12, 3-14, 3-15, 4-2, 4-3, 4-7

写真出典一覧

Bendt, Vera, Galliner, Nicola(Hrsg.), *„Öffne deine Hand für die Stummen". Die Geschichte der Israelitischen Taubstummen-Anstalt Berlin-Weissensee 1873-1942,* Berlin 1993.

2-15

Benz, Wolfgang, *Theresienstadt. Eine Geschichte von Täuschung und Vernichtung,* München 2013.

4-14, 4-15

Blindenhilfswerk Berlin e. V. zum 125. Jubiläum(Hrsg.), *Blindenhilfswerk Berlin e. V. 1886-2011. Kontinuität & Wandel in der privaten Fürsorge,* Berlin 2011.

1-8, 2-14

Jüdische Blindenanstalt für Deutschland e. V., *Bericht für das Jahr 1929.*

2-8, 2-9

Kain, Robert, *Otto Weidt. Anarchist und „Gerechter unter den Völkern",* Berlin 2017.

2-3, 2-4, 3-11, 4-11

Knobloch, Heinz, *Der beherzte Reviervorsteher. Ungewöhnliche Zivilcourage am Hackeschen Markt,* Berlin 1990.

3-5

Meyer, Beate, Simon, Hermann, and Schütz, Chana(eds.), *Jews in Nazi Berlin. From Kristallnacht to Liberation,* Chicago 2009.

3-10

Poore, Carol, *Disability in Twentieth-Century German Culture,* Michigan 2007.

2-13

Sandvoß, Hans-Rainer, *Widerstand in Mitte und Tiergarten,* Berlin 1999.

4-1

Schulle, Diana, *„…Und immer wieder bewundern wir Eure mit aufopfernder Liebe prima gepackten Pakete." Otto Weidts Hilfsaktion für Gefangene*

Tuchel, Johannes, *Hedwig Porschütz. Die Geschichte ihrer Hilfsaktionen für verfolgte Juden und ihrer Diffamierung nach 1945,* Berlin 2010.

Weidt, Otto, *Gedicht,* 8. Februar 1917.

Ders., *Gedicht,* Juli 1942.

Ders., *Brief an die Verwaltung des Vernichtungslagers Auschwitz-Birkenau,* 9. Juni 1944.

Ders., *Brief an die Zeitschrift „Der Aufbau",* 21. Oktober 1947.

Wette, Wolfram(Hrsg.), *Stille Helden. Judenretter im Dreiländereck während des Zweiten Weltkriegs,* Freiburg im Breisgau 2005.

Leuner, H. D., *Als Mitleid ein Verbrechen war. Deutschlands stille Helden 1939-1945,* Wiesbaden 1967.

Lewin, Siegbert, Jacobson, Martin und Weiß, Simon, *Erklärung über die Hilfe des Ehepaars Weidt,* 1946.

Lewyn, Bert, Lewyn, Bev Saltzman, *On the run in Nazi Berlin,* Bloomington 2001.

Licht, Alice, *Gedicht „ Hallo, hallo, hier spricht Berlin!",* Januar 1943.

Dies., *Gedicht „ Auschwitz",* April 1944.

Dies., *Gedicht „Zurück-Glück",* April 1945.

Dies., *Gedicht,* Juli 1945.

Lustiger, Arno, *Rettungswiderstand. Über die Judenretter in Europa während der NS-Zeit,* Göttingen 2011.

Meyer, Beate, Simon, Hermann, and Schütz, Chana(eds.), *Jews in Nazi Berlin. From Kristallnacht to Liberation,* Chicago 2009.

Poore, Carol, *Disability in Twentieth-Century German Culture,* Michigan, 2007.

Riffel, Dennis, *Unbesungene Helden. Die Ehrungsinitiative des Berliner Senats 1958 bis 1966.* Berlin 2007.

Ryan, Donna F., Schuchman, John, S.(Eds.), *Deaf People in Hitler's Europe,* Washington, D. C. 2002.

Sandvoß, Hans-Rainer, *Widerstand in Mitte und Tiergarten,* Berlin 1999.

Selbsthilfevereinigung der jüdischen Blinden in Deutschland e. V., *Jüdisches Blindenjahrbuch,* Berlin 1935/36, 1938/39.

Scheer, Regina, *Ahawah. Das vergessene Haus,* Berlin 1992.

Dies., *Im Schatten der Sterne. Eine jüdische Widerstandsgruppe,* Berlin 2004.

Schulle, Diana, *„…Und immer wieder bewundern wir Eure mit aufopfernder Liebe prima gepackten Pakete." Otto Weidts Hilfsaktion für Gefangene im Ghetto Theresienstadt 1943-1944,* Berlin 2012.

Strehl, Carl, *Die Kriegsblindenfürsorge. Ein Ausschnitt aus der Sozialpolitik,* Delhi 2017(reprint).

Tausendfreund, Doris, *Erzwungener Verrat. Jüdische „Greifer" im Dienst der Gestapo 1943-1945,* Berlin 2006.

Deutschland(1806-2006), Würzburg 2006.

Düring, Marten, *Verdeckte soziale Netzwerke im Nationalsozialismus. Die Entstehung und Arbeitsweise von Berliner Hilfsnetzwerken für verfolgte Juden*, Berlin 2015.

Ellger-Rüttgardt, Sieglind(Hrsg.), *Verloren und Un-Vergessen. Jüdische Heilpädagogik in Deutschland*, Weinheim 1996.

Gedenkstätte Stille Helden, *Widerstand gegen die Judenverfolgung 1933 bis 1945*, Berlin 2016.

Gesellschaft Hackesche Höfe(Hrsg.), *Die Hackeschen Höfe. Geschichte und Geschichten einer Lebenswelt in der Mitte Berlins*, Berlin 1993.

Grossmann, Kurt, R., *Die unbesungene Helden. Menschlichkeit Deutschlands dunkeln Tagen*, Berlin 1957.

Gruner, Wolf, *Judenverfolgung in Berlin 1933-1945. Eine Chronologie der Behördenmassnahmen in der Reichshauptstadt*, Berlin 1996.

Hamann, Christoph, Kosmala, Beate, *Flitzen-verstecken-überleben? Hilfe für jüdische Verfolgte 1941-1945. Geschichten, Quellen, Kontroverse*, Berlin 2018.

Helas, Horst, *Juden in Berlin-Mitte. Biografien-Orte-Begegnungen*, Berlin 2000.

Horbach, Michael, *Wenige. Zeugnisse der Menschlichkeit 1933-1945*, München 1964.

Jah, Akim, *Die Deportation der Juden aus Berlin. Die nationalsozialistische Vernichtungspolitik und das Sammellager Große Hamburger Straße*, Berlin 2013.

Jaedicke, Martin und Schmidt-Block, Wolfgang, *Blinde unterm Hakenkreuz-Erkennen, Trauern, Begegnen*, Marburg 1991.

Kain, Robert, *Otto Weidt. Anarchist und „Gerechter unter den Völkern“*, Berlin 2017.

Knobloch, Heinz, *Der beherzte Reviervorsteher. Ungewöhnliche Zivilcourage am Hackeschen Markt*, Berlin 1990.

Kulka, Otto Dov, Jäckel, Eberhard(Hrsg.), *Die Juden in den geheimen NS-Stimmungsberichten 1933-1945*, Düsseldorf 2004.

『「生きるに値しない命」とは誰のことか——ナチス安楽死思想の原典を読む』窓社、2001年
マイケル・ベーレンバウム著、芝健介日本語版監修、石川順子／高橋宏訳『ホロコースト全史』創元社、1996年
ブルンヒルデ・ポムゼル／トーレ・D. ハンゼン著、石田勇治監修、森内薫／赤坂桃子訳『ゲッベルスと私——ナチ宣伝相秘書の独白』紀伊國屋書店、2018年

【欧文】

Bendt, Vera, Galliner, Nicola(Hrsg.), *„Öffne deine Hand für die Stummen". Die Geschichte der Israelitischen Taubstummen-Anstalt Berlin-Weissensee 1873-1942,* Berlin 1993.

Benz, Wolfgang(Hrsg.), *Überleben im Dritten Reich. Juden im Untergrund und ihre Helfer,* München 2003.

Ders., *Theresienstadt. Eine Geschichte von Täuschung und Vernichtung,* München 2013.

Benz, Wolfgang, Distel, Barbara(Hrsg.), *Dachauer Hefte 7. Solidarität und Widerstand,* Dachau 1991.

Biesold, Horst, *Crying Hands. Eugenics and Deaf People in Nazi Germany,* Washington, D. C. 1999.

Blindenhilfswerk Berlin e.V. zum 125. Jubiläum(Hrsg.), *Blindenhilfswerk Berlin e.V. 1886-2011. Kontinuität & Wandel in der privaten Fürsorge,* Berlin 2011.

Coppi, Hans, Heinz, Stefan(Hrsg.), *Der vergessene Widerstand der Arbeiter. Gewerkschafter, Kommunisten, Sozialdemokraten, Trotzkisten, Anarchisten und Zwangarbeiter,* Berlin 2012.

Deutschkron, Ella, *Brief an Theodor Görner,* 26. August 1945.

Deutschkron, Inge, *Ich trug den gelben Stern,* Köln 1978.

Dies., *Sie blieben im Schatten. Ein Denkmal für „stille Helden",* Berlin 1996.

Deutschkron, Inge, Ruegenberg, Lukas, *Blindenwerkstatt Otto Weidt. Ein Ort der Menschlichkeit im Dritten Reich,* Kevelaer 2008.

Drave,Wolfgang, Mehls, Hartmut(Hrsg.), *200 Jahre Blindenbildung in*

主要文献一覧

オットー・ヴァイト関連の基本文献は、「オットー・ヴァイト盲人作業所記念館」所蔵の史資料による。

【邦文】
ルート・アンドレーアス＝フリードリヒ著、若槻敬佐訳『ベルリン地下組織――反ナチ地下抵抗運動の記録』未來社、1991年
河島幸夫『戦争・ナチズム・教会――現代ドイツ福音主義教会史論』新教出版社、1993年
ヒュー・G・ギャラファー著、長瀬修訳『ナチスドイツと障害者「安楽死」計画』現代書館、1996年
小峰総一郎『ナチスの教育――ライン地方のあるギムナジウム』学文社、2019年
ロバート・ジェラテリー著、根岸隆夫訳『ヒトラーを支持したドイツ国民』みすず書房、2008年
芝健介『ホロコースト――ナチスによるユダヤ人大量殺戮の全貌』中央公論新社、2008年
武井彩佳『戦後ドイツのユダヤ人』白水社、2005年
對馬達雄『ヒトラーに抵抗した人々――反ナチ市民の勇気とは何か』中央公論新社、2015年
インゲ・ドイチュクローン著、藤村美織訳『私を救ったオットー・ヴァイト――ナチスとたたかった真実の記録』汐文社、2016年
長田浩彰『われらユダヤ系ドイツ人――マイノリティから見たドイツ現代史　1893-1951』広島大学出版会、2011年
中村満紀男『優生学と障害者』明石書店、2004年
キム・E・ニールセン著、中野善達訳『ヘレン・ケラーの急進的な生活――「奇跡の人」神話と社会主義運動』明石書店、2005年
平井正『ヒトラー・ユーゲント――青年運動から戦闘組織へ』中央公論新社、2001年
カール＝ビンディング／アルフレート＝ホッヘ著、森下直貴／佐野誠訳著

1942年	1月20日	ヴァンゼー会議で、ヨーロッパ・ユダヤ人の絶滅方針を確認
	1月	ヴァイト、連行された盲の従業員たちをゲシュタポの手から救出
1943年	1月	ロベルト・ゲレ、ヴァイトらに工場作戦を警告
	1～2月	ヴァイト、盲人作業所の従業員とその家族を匿う
	1月	ポルシュッツ、ヴァイトに協力しユダヤ人を匿う
	2月27日	ベルリンで工場作戦
	3月	協力者カール・ダイベル、潜伏生活を開始。以後、ヴァイトとの連携により潜伏ユダヤ人を保護
	6月19日	宣伝相ゲッベルス、ベルリンからユダヤ人を一掃したと宣言
	6月	アウシュヴィッツでガスによる大量殺戮を開始
	夏	協力者テオドール・ゲルナー、インゲの母エラを非合法に雇用
	10月12日	盲人作業所が密告に遭い、匿っていたユダヤ人が逮捕される
	10月	ゲシュタポとの交渉により、アリス・リヒト一家はアウシュヴィッツ移送を免れる
	10月	～1944年10月、ヴァイト、テレジエンシュタットのゲットーに救援物資を送る
1944年	5月	アリス・リヒト、両親とともにアウシュヴィッツに移送
	9月	ポルシュッツ逮捕。「戦時経済犯罪」「隠匿罪」で禁固1年半の刑
1945年	1月27日	ソ連軍、アウシュヴィッツ収容所を解放
	2月4日	ヤルタ会談
	2月	アリス・リヒト、ヴァイトの救援により収容所からの脱出に成功。終戦までヴァイトの自宅に匿われる
	4月30日	ヒトラー自殺
	5月7日	ドイツ、無条件降伏
	11月20日	ニュルンベルク国際軍事裁判開廷
1947年	12月	オットー・ヴァイト死去（64歳）

オットー・ヴァイト関連以外の項目については、主に以下を参照した

芝健介著『ホロコースト――ナチスによるユダヤ人大量殺戮の全貌』（中公新書、2008）

Deutschkron, Inge, Ruegenberg, Lukas, *Blindenwerkstatt Otto Weidt. Ein ort der Menschlichkeit im Dritten Reich,* Kevelaer, 2008

	11月12日	ユダヤ人経営の全商店を閉鎖
	12月3日	ユダヤ人の運転免許証と自動車登録証を没収
	12月3日	ユダヤ人企業の土地、有価証券、宝飾品、美術品の強制売却
1939年	1月1日	ユダヤ人は名前に「イスラエル（男）」「ザーラ（女）」を加えることを強制される
	2月	**ヴァイト、盲人作業所の営業認可を得る。最初のユダヤ人従業員を雇用**
	8月	障害者に対する安楽死作戦開始
	9月1日	第二次世界大戦勃発。ユダヤ人夜間外出禁止令
	9月20日	ユダヤ人のラジオ所有禁止
	10月	ツィクロンBを使ったガス殺実験の開始
1940年	4月	**ヴァイト、「戦争遂行に必要な企業」の認可を得る**
	4月27日	アウシュヴィッツ収容所建設開始
	7月19日	ユダヤ人を電話加入者から除外
	夏	**ヴァイト、ハッケシャー・マルクトに盲人作業所を移転**
	詳細時期不詳	**協力者テオドール・ゲルナーと出会う**
	9月	**ヴァイト、多数のユダヤ人を雇用する方便として「ブラシ職人養成コース」を開設**
	詳細時期不詳	**ヴァイト、ポルシュッツにユダヤ人救援への協力を依頼。表向きの雇用関係を結ぶ**
1941年	3月7日	ユダヤ人に対する強制労働義務の導入
	夏	**アリス・リヒトとインゲ・ドイチュクロン、盲人作業所の従業員となる**
	8月24日	教会等からの抗議により、障害者に対する安楽死作戦を公式には中止
	9月1日	6歳以上のユダヤ人に対し「黄色い星（ダビデの星）」の着用を義務づけ
	9月3日	アウシュヴィッツで最初の毒ガスによる殺害の実験
	9月17日	ヒトラー、ドイツに住むユダヤ人の東方移送を決定
	10月1日	アウシュヴィッツ収容所内にビルケナウ収容所（絶滅収容所）の建設を開始
	10月	ユダヤ人の出国禁止
	10月18日	**ベルリンで東方移送の開始。盲人作業所の従業員クルト・アブラハムも連行される**
	11月25日	東方移送に際し、ユダヤ人の全財産を没収
	12月末	ヘウムノ絶滅収容所で大量殺戮を開始

オットー・ヴァイト　ユダヤ人救援活動関連年表

太字はオットー・ヴァイト関連の情報を示す

1883年	5月2日	**オットー・ヴァイト、ロストックで出生**
1903年頃		**ヴァイト、アナーキストの活動に参加**
1913年	4月	**ヴァイト、マルタと最初の結婚**
1914年	5月9日	**長男ヴェルナー誕生**
1915年	秋	**次男ハンス誕生**
1916年		**ヴァイト、1月にマルタと離婚。11月、衛生兵として第一次世界大戦に従軍**
1918年	11月11日	第一次世界大戦終結
1919年	11月	**ヴァイト、ヨハンナと2度目の結婚**
1924年	詳細時期不詳	**ヴァイト、この頃失明。ベルリンの盲学校で職業訓練を受ける**
1928年	3月	**ヴァイト、ヨハンナと離婚**
1931年頃		**ヴァイト、箒とブラシ製作で生計を立てられるようになる**
1933年	1月30日	ヒトラー内閣成立
	4月1日	ユダヤ人経営の会社、商店等に対し、全国規模のボイコット発生
	4月7日	職業官吏再建法制定。官公吏の職からユダヤ人を追放
	4月25日	ドイツ学校・大学過剰解消法制定。ユダヤ人の学生・生徒の入学が制限される
	7月14日	遺伝性疾患子孫予防法制定。障害者の強制断種を合法化
1934年	12月20日	悪意法制定。ユダヤ人に対する救援は、国家と党に対する「悪意ある攻撃」とみなされる
1935年	9月15日	ニュルンベルク人種法制定。ユダヤ人の公民権を剥奪
1936年	8月1日	ベルリン夏季オリンピック開幕
	9月	**ヴァイト、エルゼと3度目の結婚。クロイツベルク地区に作業所を構える**
	詳細時期不詳	**協力者エンマ・トロストラーと出会う**
1938年	4月26日	ユダヤ人資産申告令が出される
	7月6日	～15日　エヴィアン会議。ユダヤ難民問題を検討
	11月9日	～10日　「水晶の夜」事件

	5月	2	51	アウシュヴィッツ
	6月	1	29	アウシュヴィッツ
	7月	1	30	アウシュヴィッツ
	8月	1	38	アウシュヴィッツ
	9月	1	39	アウシュヴィッツ
	10月	1	31	アウシュヴィッツ
	11月	1	28	アウシュヴィッツ
	12月	1	15	ザクセンハウゼン、ラーフェンスブリュック（いずれもドイツ）
1945年	1月	1	14	アウシュヴィッツ
	計	61	35410	

各回の移送者数についてはいくつかの説があるが、本書では以下を参照した。なお上記の収容所以外にも、1942年10月から1945年3月にかけて計5700人がベルリンからテレジエンシュタット・ゲットーに移送されている。

Jah, Akim, *Die Deportation der Juden aus Berlin. Die nationalsozialistische Vernichtungspolitik und das Sammellager Große Hamburger Straße,* Berlin 2013.
Meyer, Beate, Simon, Hermann, and Schütz, Chana(eds.), *Jews in Nazi Berlin. From Kristallnacht to Liberation,* Chicago 2009.

ベルリン・ユダヤ人東方移送年表

年	月	移送回数	移送者数（人）	移送先
1941年	10月	3	3168	ウッチ（現在のポーランド領）
	11月	4	4122	ウッチ、ミンスク（現在のベラルーシ領）、カウナス（現在のリトアニア領）、リガ（現在のラトヴィア領）
1942年	1月	3	3081	リガ
	3月	1	972	ピアスキ（現在のポーランド領）
	4月	3	1878	ワルシャワ（現在のポーランド領）
	6月	3	949	マイダネク、ゾビボル（共に現在のポーランド領）
	7月	1	210	マイダネク、ゾビボル
	8月	1	938	リガ
	9月	2	1609	リガ、レヴァル（現在のエストニア領）
	10月	2	1757	リガ
	11月	1	980	アウシュヴィッツ（現在のポーランド領）
	12月	2	1181	アウシュヴィッツ
1943年	1月	2	2190	アウシュヴィッツ
	2月	3	2865	アウシュヴィッツ
	3月	6	7932	アウシュヴィッツ
	4月	1	338	アウシュヴィッツ
	6月	1	319	アウシュヴィッツ
	8月	2	149	アウシュヴィッツ
	9月	2	127	アウシュヴィッツ
	10月	2	123	アウシュヴィッツ
	11月	1	50	アウシュヴィッツ
	12月	1	55	アウシュヴィッツ
1944年	1月	1	48	アウシュヴィッツ
	2月	1	32	アウシュヴィッツ
	3月	1	32	アウシュヴィッツ
	4月	1	30	アウシュヴィッツ

	ホルン，カイム	1902-1943	盲人作業所の従業員。家族とともにヴァイトに匿われるが発覚し、アウシュヴィッツで殺害
	ホルン，マックス	1926-1943	盲人作業所の従業員。マックスの息子。アウシュヴィッツで殺害
ラ	リヒト，アリス・ベアトリーチェ	1916-1987	盲人作業所の従業員で、ヴァイトの理解者。収容所に送られたがヴァイトの救援によって生き延びた
	レヴィ，アルフレート	生没年不詳	盲人作業所の従業員
	レヴィン，ジークフリート	1909-1943	盲人作業所の従業員。アウシュヴィッツで殺害
	レヴィン，ジークベルト	1902- 没年不詳	盲人作業所の従業員。生き延びて、戦後はヴァイトの功績を伝えることに貢献した
	ローゼンタル，ハンス	1903- 没年不詳	ヴァイトの救援仲間。自身もユダヤ人で、ユダヤ人協会の職員。反ナチグループ「平和と再建の共同体」メンバー

	ゼーリッヒ，グレーテ	1896- 没年不詳	ユダヤ人の反ナチ活動家。ルチー・バルホルンの叔母。ポルシュッツの救援によって生き延びた
	ゼーリッヒ，レオ	1897-1944	ユダヤ人の反ナチ活動家。グレーテの弟。ダイベルやトロストラーに匿われるが、ゲシュタポに発見されアウシュヴィッツで殺害
タ	ダイベル，カール	1897-1981	ヴァイトの救援仲間。共産主義者
	ディートリッヒ，マックス・アドルフ	1896-1977	ヴァイトの救援仲間。牧師
	ドイチュクロン，インゲ	1922-	盲人作業所の従業員。戦後はジャーナリストとして活躍し、ヴァイトの功績を広く社会に伝えた
	ドイチュクロン，エラ	生没年不詳	インゲの母
	トロストラー，エンマ	1883- 没年不詳	ヴァイトの救援仲間。クリーニング店を経営。自身が管理する建物でユダヤ人を匿い、寝食の世話をした
ハ	バッシュ，ヴェルナー	1908-1945	盲人作業所の従業員。ダッハウで殺害
	バルホルン，ルチー	1916-1943	アリス・リヒトの友人。ポルシュッツに匿われたが、ゲシュタポに発見されアウシュヴィッツで殺害
	フライ，エリッヒ・マグヌス	1889-1944	盲人作業所の従業員。アウシュヴィッツで殺害
	ヘルト，インゲ	生没年不詳	ヴァイトの救援仲間。グスタフの妻
	ヘルト，グスタフ	生没年不詳	ヴァイトの救援仲間。ユダヤ人医師
	ベルンシュタイン姉妹(マリアンネ、アンネリーゼ)	マリアンネ 1922-1987 アンネリーゼ 1922-2000	双子の姉妹。ヴァイトの従業員。ポルシュッツの救援によって生き延びた
	ポルシュッツ，ヘドヴィヒ・アントニー	1900-1977	ヴァイトの救援仲間。娼婦

関連人名リスト

	氏名	生没年	
ア	アブラハム，クルト	1906-1942	盲人作業所の従業員。ヘウムノ絶滅収容所で殺害
	イザークゾーン，ロルフ	1921- 没年不詳	ユダヤ人の「捕まえ屋」。ヴァイトの作業所を密告した
	ヴァイト，ヴェルナー	1914- 没年不詳	最初の妻マルタとの間に生まれたヴァイトの長男
	ヴァイト，エルゼ・エルナ（旧姓ナスト）	1902-1974	ヴァイトの3番目の妻。夫のユダヤ人救援活動に協力した
	ヴァイト，オットー・アウグスト	1883-1947	盲人作業所の経営者。仲間とともにユダヤ人救援活動に尽力した
	ヴォルフ，イーダ	1891-1943	盲人作業所の従業員。アウシュヴィッツで殺害
	ヴァイト，マルタ（旧姓コニェツニ）	1887- 没年不詳	ヴァイトの最初の妻。ヴァイトとの間に2人の息子をもうけた
	ヴォルフ，クルト	1902-1943	盲人作業所の従業員。イーダの夫。アウシュヴィッツで殺害
	エッシュハウス，アルフレート	生没年不詳	ベルリンのユダヤ人中央管理局局長
カ	カッツ，ローザ	1898-1942	盲人作業員の従業員。アウシュヴィッツで殺害
	クレマート，グスタフ・アドルフ・ゲオルク	1899- 没年不詳	盲人作業所の代理人。元共産党員
	ゲルナー，テオドール	1884-1971	ヴァイトの救援仲間。ハッケシャー・マルクトで印刷会社経営。社会民主党支持者
	ゲレ，ロベルト	1904- 没年不詳	ナチス親衛隊の手先。ユダヤ人。ベルリンでの東方移送についてヴァイトたちに警告を与えた
	ゴルトバルト，ジークベルト	1896-1942	盲人作業所の従業員。盲聾者。アウシュヴィッツで殺害
サ	シャルフ，ヴェルナー	1912-1945	ユダヤ人の反ナチ活動家。反ナチグループ「平和と再建の共同体」メンバー。ザクセンハウゼンで殺害

【マ行】

【ヤ行】

【ラ行】

【サ行】

【タ行】

【ハ行】

人名索引

【ア行】

【カ行】

【ラ行】

【ワ行】

【タ行】

【ナ行】

【ハ行】

【マ行】

【ヤ行】

索　引

事項索引

◎著者略歴
岡 典子（おか・のりこ）
福岡教育大学講師、東京学芸大学准教授を経て、現在、筑波大学教授。博士（心身障害学）（筑波大学）。専門は障害教育原論。著書に『視覚障害者の自立と音楽——アメリカ盲学校音楽教育成立史』（風間書房、2004年）がある。

ナチスに抗った障害者
盲人オットー・ヴァイトのユダヤ人救援

2020年７月１日　初版第１刷発行

著　者　岡　典子
発行者　大江道雅
発行所　株式会社　明石書店
〒101-0021　東京都千代田区外神田 6-9-5
電　話　03（5818）1171
FAX　03（5818）1174
振　替　00100-7-24505
http://www.akashi.co.jp
装丁・組版　明石書店デザイン室
印刷・製本　モリモト印刷株式会社

（定価はカバーに表示してあります）　ISBN978-4-7503-5037-0

ヒトラーの娘たち ホロコーストに加担したドイツ女性
ウェンディ・ロワー著　武井彩佳監訳　石川ミカ訳　◎3200円

独ソ占領下のポーランドに生きて 祖国の誇りを貫いた女性の抵抗の記録
世界人権問題叢書 99　カロリナ・ランツコロンスカ著　山田朋子訳　◎5500円

ヘレン・ケラーの急進的な生活 「奇跡の人」神話と社会主義運動
明石ライブラリー 71　キム・E・ニールセン著　中野善達訳　◎3000円

障害者権利擁護運動事典
フレッド・ペルカ著　中村満紀男、二文字理明、岡田英己子監訳　◎9200円

障害児教育の歴史
【オンデマンド版】　中村満紀男、荒川智編著　◎3000円

視覚障害教育の源流をたどる
京都盲唖院モノがたり　岸博実著　◎2500円

日本障害児教育史【戦前編】
中村満紀男編著　◎17000円

日本障害児教育史【戦後編】
中村満紀男編著　◎17000円

ドイツの歴史を知るための50章
エリア・スタディーズ 151　森井裕一編著　◎2000円

現代ドイツを知るための67章【第3版】
エリア・スタディーズ 18　浜本隆志、髙橋憲編著　◎2000円

ドイツ・フランス共通歴史教科書【近現代史】 ウィーン会議から1945年までのヨーロッパと世界
世界の教科書シリーズ 43　P・ガイス、G・L・カントレック監修　福井憲彦、近藤孝弘監訳　◎5400円

ドイツ・フランス共通歴史教科書【現代史】 1945年以後のヨーロッパと世界
世界の教科書シリーズ 23　P・ガイス、G・L・カントレック監修　福井憲彦、近藤孝弘監訳　◎4800円

ドイツに生きたユダヤ人の歴史 フリードリヒ大王の時代からナチズム勃興まで
世界歴史叢書　アモス・エロン著　滝川義人訳　◎6800円

アメリカに生きるユダヤ人の歴史【上】 アメリカへの移住から第一次世界大戦後の大恐慌時代まで
世界歴史叢書　ハワード・モーリー・サッカー著　滝川義人訳　◎8800円

アメリカに生きるユダヤ人の歴史【下】 ナチズムの登場からソ連系ユダヤ人の受け入れまで
世界歴史叢書　ハワード・モーリー・サッカー著　滝川義人訳　◎8800円

ハイデガーの超-政治 ナチズムとの対決／存在・技術・国家への問い
轟孝夫著　◎1800円

〈価格は本体価格です〉